21 世纪全国高职高专财务会计类规划教材

新编基础会计实训教程

主　编　郭静娟

副主编　祝宏武

参　编　巩家民　岳春玲

北京大学出版社
PEKING UNIVERSITY PRESS

内 容 简 介

本书是根据会计学实践性较强的特点，贯彻理论联系实际的教学理念，紧密结合会计工作实务，按照会计核算工作程序而编写的一本实训教程。本书共分会计核算基础篇和会计模拟实训篇两大部分 9 章内容，内容涉及会计书写、凭证编制、账簿登记、报表填制、企业主要业务核算等基础规范和操作技能。

本书可作为高职高专院校财经类专业及相关专业的通用教材，也可作为成人院校财经类专业及相关专业的教材，还可作为广大读者自学会计实务的参考书。

图书在版编目（CIP）数据

新编基础会计实训教程/郭静娟主编．—北京：北京大学出版社，2009.11
（21 世纪全国高职高专财务会计类规划教材）
ISBN 978-7-301-15731-2

Ⅰ．新…　Ⅱ．郭…　Ⅲ．会计学—高等学校：技术学校—教材　Ⅳ．F230

中国版本图书馆 CIP 数据核字（2009）第 167080 号

书　　名：**新编基础会计实训教程**
著作责任者：郭静娟　主编
策 划 编 辑：郭　芳
责 任 编 辑：郭　芳
标 准 书 号：ISBN 978-7-301-15731-2/F・2276
出　版　者：北京大学出版社
地　　址：北京市海淀区成府路 205 号 100871
电　　话：邮购部 62752015　发行部 62750672　编辑部 62765126　出版部 62754962
网　　址：http://www.pup.cn
电 子 信 箱：xxjs@pup.pku.edu.cn
印　刷　者：河北滦县鑫华书刊印刷厂
发　行　者：北京大学出版社
经　销　者：新华书店
787 毫米×980 毫米　16 开本　16.75 印张　366 千字
2009 年 11 月第 1 版　2013 年 2 月第 2 次印刷
定　　价：30.00 元

前　言

会计学是一门实践性很强的学科，会计工作是一项技术规范要求很高的工作。会计职业技术教育在赋予学生从事会计工作所必需的基础理论的同时，更需要的是培养学生分析、处理各种经济业务的操作技能。会计模拟实训是会计教学中不可缺少的环节，是巩固学生会计理论知识并提高其实际操作技能的重要手段。为此，我们编写了本书作为《基础会计》的配套实训教材，编写的立足点是加强会计操作技能的训练，使学生通过对各种会计业务的训练，掌握凭证填制、账簿登记、报表编制的基本操作技能，真正培养出符合高等职业教育目标的技能型、应用型人才。

本书具有以下几大特点。

1．内容新颖。本书以 2006 年财政部最新颁布的企业会计准则及应用指南为主要编写依据，力求反映会计理论和会计实务改革发展的最新成果，体现企业会计准则的最新要求。

2．结构合理。本书在内容安排上本着由浅入深、循序渐进的原则，将会计核算基础与会计操作技能分开。这样安排可将重点与难点分散开来，使教者易教，学者易学。

3．使用灵活。本书既有单项实训项目，也有综合实训项目，这样既可以在学习《基础会计》相关章节后进行分散训练，又可以在学完《基础会计》全部课程后进行集中训练。

4．特色鲜明。本书每笔经济业务所附的原始凭证采用最新的、仿真的模板，图表逼真、典型、规范、实用。

5．突出实践。本书所选实训内容紧密与企业实际发生的经济业务相结合，缩短了课堂教学内容与实际业务操作的距离，对提高学生的实践操作能力具有较强的指导意义。

本书由郭静娟担任主编，祝宏武担任副主编。主编负责全书编写大纲的总纂、修改和最终定稿。具体编写分工为：郭静娟（沙洲职业工学院）编写第 1、5、6、9 章；巩家民（沙洲职业工学院）编写第 2、7 章；祝宏武（北京工业大学实验学院）编写第 3 章和第 8 章的第 1 节至第 3 节；岳春玲（沈阳理工大学）编写第 4 章和第 8 章的第 4 节至第 7 节。

本书在编写过程中承蒙院校领导和同仁的大力支持，在此表示感谢。尽管我们反复斟酌并数易其稿，但由于编者水平有限，加之编写时间较紧，书中难免存在不妥或错漏之处，恳请同行和读者批评指正，以便再版时修正完善。

编　者

2009 年 7 月

目　录

第一篇　会计核算基础

第二篇 基础会计模拟实训

第一篇

会计核算基础

第一章　基础书写规范

第一节　阿拉伯数字和汉字大写数字的书写规范

（一）阿拉伯数字的书写规范

1．字迹清晰。阿拉伯数字应当一个一个地写，不得连写，字体要各自成形，大小均衡，排列整齐。

2．位置适当。

（1）高度要求：一般要求数字的高度占格高的 1/2 为宜。

（2）角度要求：书写时要注意紧贴横格底线，数字适当向右倾斜，一般可掌握在 60 度左右，即数码的中心斜线与底平线为 60 度的夹角。

（3）间距要求：每个数字大小应当一致，数码字的空隙切勿过大，应保持同等距离，每个数字上下左右要对齐；在印有数位线的凭证、账簿、报表上，每一格只能写一个数字，不得几个数字挤在一个格子里，也不得在数字中间留有空格。

3．数字标准。

（1）有圆的数字，如：6、8、9、0 等，圆圈必须封口。

（2）为了防止涂改，对有竖划的数字的写法应有明显区别，如“6”的竖划应偏左，“4”、“7”、“9”的竖划应偏右，“1”应写在中间。此外，“6”的竖划可以高出一般数字的 1/4；“7”、“9”的竖划可以向下伸出一般数字的 1/4。

4．保持特色。从事会计工作的人员，要保持个人的独特字体和书写特色，使别人难以模仿或涂改。

阿拉伯数字参考字体，如图 1-1 所示。

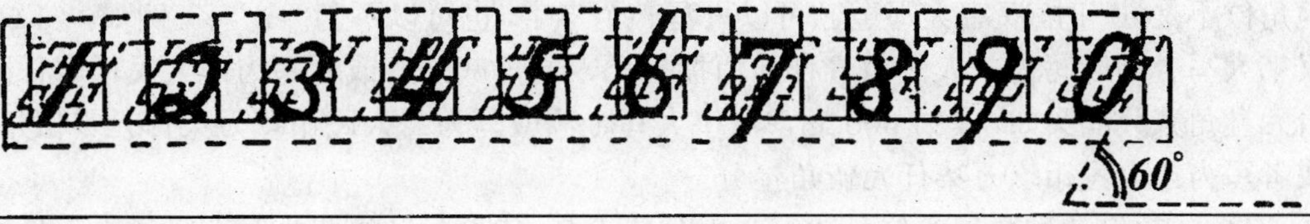

图 1-1

（二）汉字大写数字的书写规范

1．汉字大写数字要以楷体或行体书写，不得连笔写，让人难以分辨和理解。

2．不允许使用未经国务院公布的简化字或谐音字。大写数字一律用“壹、贰、叁、肆、伍、陆、柒、捌、玖、拾、佰、仟、万、亿、元、角、分、零、整（正）”等，不得用“毛”代替“角”、“另”代替“零”。

3．字体要各自成形，大小均衡，排列整齐；字迹要工整、清晰，不宜过大或过小；字距适当，不宜过密或过疏。

大写数字参考字体，如图 1-2 所示。

壹	贰	叁	肆	伍	陆	柒	捌	玖	拾	佰	仟	万	元	角	分	零	整

图 1-2

第二节　大小写金额的书写规范

一、大写金额的书写规范

1．大写金额要紧靠“人民币”三字书写，不得留有空白，如果大写数字前没有印“人民币”字样的，应加填“人民币”三字。

2．大写金额数字到“元”或“角”，在“元”或“角”后写“整”字；大写金额有“分”的，“分”后面不写“整”字。例如，¥12 000.00 应写为：人民币壹万贰仟元整；又如，¥48 651.80 可写为：人民币肆万捌仟陆佰伍拾壹元捌角整，而¥486.56 应写为：人民币肆佰捌拾陆元伍角陆分。

3．分位是“0”可不写“零分”字样，如¥4.60，应写为：人民币肆元陆角整。

4．阿拉伯金额数字中间有“0”时，汉字大写金额要写“零”字，如¥1 409.50，应写为：人民币壹仟肆佰零玖元伍角整。

5．阿拉伯金额数字元位是“0”的，或者数字中间连续有几个“0”的，元位也是“0”，但角位不是“0”时，汉字大写金额可以只写一个零字，也可以不写“零”字。例如，¥1 680.32，汉字大写金额应写为：人民币壹仟陆佰捌拾元零叁角贰分，或者写为：人民币壹仟陆佰捌拾元叁角贰分；又如，¥97 000.53，汉字大写金额应写为：人民币玖万柒仟元零伍角叁分，或者写为：人民币玖万柒仟元伍角叁分。

6．阿拉伯金额数字角位是“0”，而分位不是“0”时，汉字大写金额“元”后面应写“零”字。例如，¥6 409.02，汉字大写金额应写成：人民币陆仟肆佰零玖元零贰分；又如

¥325.04，汉字大写金额应写为：人民币叁佰贰拾伍元零肆分。

7．阿拉伯金额数字最高是“1”的，汉字大写金额加写“壹”字。例如，¥15.80，汉字大写金额应写成：人民币壹拾伍元捌角整；又如，¥135 800.00，汉字大写金额应写成：人民币壹拾叁万伍仟捌佰元整。

8．在印有大写金额万、仟、佰、拾、元、角、分位置的凭证上书写大写金额时，金额前面如有空位，可划“⊗”注销，阿拉伯金额数字中间有几个“0”（含分位），汉字大写金额就应写几个“零”字。例如，¥100.50，汉字大写金额应写成：人民币⊗万⊗仟壹佰零拾零元伍角零分。

二、小写金额的书写规范

（一）没有位数分割线的凭证账表上的书写规范

1．阿拉伯金额数字前面应当书写货币币种符号或者货币名称简写，币种符号和阿拉伯数字之间不得留有空白。凡阿拉伯数字前写币种符号的，数字后面不再写货币单位。

2．以元为单位的阿拉伯数字，除表示单价等情况外，一律写到角分，如“¥735.19”；没有角分的角位和分位可写“00”或者“－”，如“¥735.00”、“¥735.－”；有角无分的，分位应当写“0”，不得用“－”代替，如“¥735.10”，不能写“¥735.1－”；只有分位金额的，在元和角位上各写一个“0”字，并在元与角之间点一个小数点，如“¥0.06”。

3．元以上每三位要空出半个阿拉伯数字的书写位置，如“¥5 647 108.92”，也可以三位一节用“分位号”分开，如“¥5 647 108.92”。

（二）有数位分割线的凭证账表的书写规范

1．对应固定的位数填写，不得错位。

2．只有角位或角分位金额的，在元位上不得写“0”字；只有分位金额的，在元和角位上均不得写“0”字。

3．元位、角位有数字，分位是“0”的，在分位上应写“0”，不能不写“0”或写“－”；元位有数字，角分位都是“0”的，在角分位上应各写一个“0”字，不能不写“0”或写“－”。

第二章　会计凭证

第一节　原始凭证

一、原始凭证概述

（一）原始凭证的要素

原始凭证，又称单据，是在经济业务发生时，由业务经办人员直接取得或者填制、用以表明某项经济业务已经发生或者完成并明确有关经济责任的一种凭证。虽然原始凭证的种类繁多、来源广泛、形式多样，但各种原始凭证都必须具备以下基本要素。

1．原始凭证的名称。

2．填制凭证的日期。

3．接受凭证单位的名称或接受人姓名。

4．经济业务内容。

5．经济业务的数量、单价和金额。

6．填制单位的名称或填制人姓名。

7．经办人员的签名或盖章。

此外，原始凭证一般还需载明凭证的附件和凭证的编号。有些原始凭证应具备一些特殊内容和要求。例如，使用统一发票时，发票上应印有税务专用章；自制发票应盖有税务监制章；使用增值税专用发票应按要求填写购销双方的税号、地址、开户银行账号等。

（二）原始凭证的种类

1．按来源划分

（1）外来原始凭证。例如，供应单位发货票，银行收款通知单，铁路、公路运费单等。

（2）自制原始凭证。例如，收料单、领料单、产品出库单、工资结算单、收款收据、成本计算单等。

2．按填制方法划分

（1）一次性凭证。例如，各种外来原始凭证。

（2）累计原始凭证。例如，限额领料单等。

（3）汇总原始凭证。例如，收料汇总表、工资汇总表、领料汇总表、差旅费报销单等。

3．按经济业务的类别划分

（1）款项收付业务原始凭证。例如，现金借据、现金收据、领款单、零星购货发票、车船机票、医药费单据、银行支票、付款委托书、托收承付结算凭证等。

（2）出入库业务原始凭证。例如，入库单、出库单、收料单、领料单、产品入库单、产品出库单等。

（3）成本费用原始凭证。例如，工资单、工资费用汇总表，材料耗用汇总表，折旧费用分配表，制造费用分配表，产品成本计算单等。

（4）销货业务原始凭证。例如，提货单、发货单等。

（5）固定资产业务原始凭证。例如，固定资产调拨单，固定资产移交清册，固定资产报废单、固定资产盘盈、盘亏报告单等。

二、原始凭证的填制

（一）原始凭证的填制要求

原始凭证的填制要求是：真实可靠、内容完整、填制及时、书写清楚、顺序使用。具体来说主要有以下几个方面。

1．发生经济业务时，必须审核其是否符合有关国家法规、制度的要求，经审核无误后，选用与业务相应的原始凭证来记录经济业务。

2．用蓝黑墨水填写，禁止使用铅笔。按规定需要用红字书写的，可以用红墨水；需要复写的，可使用圆珠笔；属于套写的凭证，一定要写透，不要上面清楚，下面模糊，严禁应复写的地方不复写或分开复写，前后内容不一致。

3．接受凭证单位的名称，必须按名称全称填写清楚。

4．填写日期应年、月、日各项齐全，填制凭证的日期须同办理业务的时间保持一致。

5．填制凭证时，应按照凭证上已有的项目自上而下逐项填写，不得随意减少应填列的内容。

6．凭证金额栏应按规定填写。例如，金额应为实物数量与单价的乘积；金额栏空行应注销；合计金额前应加写人民币符号“¥”；人民币大写金额应与小写金额保持一致等。

7．凭证上应盖的图章必须齐全，印记清楚；有关责任人员必须签名或盖章。

8．填制凭证时，应按照原始凭证的连续编号依次使用，不得漏号或跳号。

9．原始凭证填写如果发生错误，应分别不同情况处理。个别文字错误，可采用划线更正法，并在更正处加盖单位印章；金额有错误的，应当作废重开，不得在原凭证上更正；提交银行的结算凭证填写有错，应重新填写；作废的凭证，应加盖“作废”戳记，整份保存，不得缺联。

在填制支票时还应特别注意以下几点。

1．单位应在开户银行的账户或核准户的余额内签发支票，每张支票金额一般不能低于规定的起点，不能签发空头支票、空白支票和远期支票。

2．每个账户使用的支票，不得移用于其他账户，预算单位签发的支票，不能跨年使用。

3．支票一律记名，现金支票只能用于提取现金，不能用于转账；转账支票只能用于转账，不能用于提取现金，但允许背书转让。

4．单位签发支票时，必须使用碳素墨水或墨汁，按支票簿排定的页数顺序填写，字体不得潦草，也不得使用红色或易褪色的墨水。

5．“签发日期”应填写实际出票日期，不得补填或预填日期，填写日期必须使用汉字大写，并且在填写月、日时，若月为壹、贰或壹拾的，日为壹至玖和壹拾、贰拾和叁拾的，应在其前面加“零”以防涂改。另外，对“收款单位（或收款人）名称”栏必须填写清楚，如系本单位自行提取现金应填写本单位的全称；对“用途或预算科目”栏，除预算单位应填写预算科目外，一般企业及其他非预算单位只需填明用途即可。

6．大、小写金额必须填写齐全，如有错误不得更改，应另行签发；其他各栏填错，一般也应另行签发，或可在改正处加盖预留印鉴之一，予以证明。另外，在小写金额前应加填货币符号，如人民币用“¥”，美元用“$”等。

7．“出票人签章”处应按预留印鉴分别签章，一般为企业“财务专用章”和“法人代表章”或企业“财务主管章”，缺漏签章或签章不符时银行不予受理。

8．支票为一联，将填写无误的支票按虚线撕开后，可持现金支票正本向银行提取现金，或把转账支票正本交给收款人，将支票存根作为企业记账的依据。存根联下端，应由收到支票的人员填写签收的日期并签章。

（二）原始凭证的填制举例

1．材料入库单（收料单）的填制

材料入库单又称收料单，是企业购进材料验收入库时由仓库保管员根据材料的实际验收情况填制的原始凭证。它一般一式三联：一联由仓库留存，并据以登记材料明细分类账；一联交给财务部门编制记账凭证；一联作存根备查，具体格式如表2-1所示。

表 2-1

收　料　单

供货单位：明珠公司　　　　　　　　　　　　　　　　　　　　凭证编号：756

发票号码：0705445　　　　　2008 年 11 月 5 日　　　　　收料仓库：二库

材料类别	材料名称	规格材质	计量单位	应收数量	实收数量	单　价	金　额							
							十	万	千	百	十	元	角	分
钢材	钢胚	12cm	吨	15	15	4 000		6	0	0	0	0	0	0
检验结果：		检验员签章：		运杂费										
				合　计			¥	6	0	0	0	0	0	0
备注														

第三联：会计

主管：陈伟　　　　材料会计：　　　　收料员：陆江红　　　　制单：陆江红

2．材料出库单（领料单）的填制

材料出库单一般称为领料单，是车间生产需要材料时由专职领料人员填制的原始凭证。它一般一式三联：一联由仓库留存，并据以登记材料明细分类账；一联交给财务部门编制记账凭证；一联作存根备查，具体格式如表 2-2 所示。

表 2-2

领　料　单

领料部门：一车间　　　　　2008 年 12 月 8 日　　　　　领料单编号：245

类　别	编　号	名　称	规　格	单　位	数　量		计划单价	金　额	过　账
					请领	实发			
原料	002	圆钢	5mm	千克	4 000	4 000	10.00	4 000.00	
原料	001	角钢	3mm	千克	3 000	3 000	5.00	15 000.00	
工作单号		1220			用途	车间 M 产品用			
工作项目									

主管：陈伟　　　　材料会计：　　　　发料员：陆江红　　　　制单：王娟

3．普通发票的填制

普通发票是由销货方在销售货物时开具给购货方的发票。它一般适用于增值税小规模纳税人和营业税纳税人发生应税行为时使用，具体格式如表 2-3 所示。

表 2-3

江苏省商品销售统一发票

发 票 联

No. 0856425

购货单位：张家港市宝利实业有限公司　　2008 年 4 月 18 日

品名及规格	单　位	数　量	单　价	金额							备　注
				万	千	百	十	元	角	分	
笔记本	本	20	6.00			1	2	0	0	0	
钢　笔	支	12	13.80			1	6	5	6	0	
合　计					¥	2	8	5	6	0	
合计金额（人民币大写）⊗贰佰捌拾伍元陆角整				（小写）¥285.60							

第二联：发票联

开票人：刘静　　收款人：王丽鹃　　单位名称：（盖章）

4．增值税专用发票的填制

增值税专用发票是一般纳税人在销售应税货物或提供应税劳务时开具的销货发票。其基本联次为三联：一联为发票联，一联为抵扣联，一联为记账联。发票联交给购货方，作为结算凭证；抵扣联也交给购货方，作为税款抵扣凭证；记账联则由销货方作销售的记账依据。其具体格式如表 2-4 所示。

5．银行进账单的填制

银行进账单是由进账单位填写，委托开户银行将其款项存入银行账户的一种凭据。它一般一式三联：一联加盖业务单位公章退持票人作为银行受理回单，一联由银行留存作为银行记账的凭证，一联加盖转讫章作为收账通知交持票人。其具体格式如表 2-5 所示。

6．支票的填制

支票是由付款单位签发，通过银行从其存款账户中将款项支付给收款人的一种票据，分现金支票、转账支票和普通支票。

（1）现金支票

现金支票是由付款人签发，委托开户银行将款项（现金）支付给收款人或持票人的一种票据。其具体格式如表 2-6 所示。

表 2-4

江苏增值税专用发票

No. 00560314

发 票 联

开票日期：2008 年 3 月 6 日

购货单位	名　　称：张家港市宝利实业有限公司 纳税人识别号：320582150157868 地址、电话：张家港市人民路 231 号 开户行及账号：建设银行沙洲西路支行 06635698			密码区	3+-〈1〉5〉361+424+/ * 296〈810293〈65〉〈3/ * 2-2〈2051+24+2618〈7 /3-15〉〉09/5/-1〉〉〉+1		加密版本：01 87119471410 07050445
货物或应税劳务名称	规格型号	单位	数量	单价	金额	税率	税额
钢　　胚	12cm	吨	15	4 000	60 000.00	17%	10 200.00
合　　计					¥60 000.00		¥10 200.00
价税合计（人民币大写）	⊗柒万零仟贰佰元整				（小写）¥70 200.00		
销货单位	名　　称：长兴钢铁有限公司 纳税人识别号：320582138613441 地址、电话：南丰镇西街 16 号 开户行及账号：农业银行南丰支行 56010112364			备注	长兴钢铁有限公司 320582138613441 发票专用章		

收款人：　　复核：　　开票人：林强　　销货单位：（章）

第二联：发票联　购货方记账凭证

表 2-5

中国建设银行 进账单（收账通知）　3

2008 年 3 月 15 日

出票人	全　称	达利公司	收款人	全　称	张家港市宝利实业有限公司
	账　号	4467891		账　号	06635698
	开户银行	工行南大街支行		开户银行	建设银行沙洲西路支行

金额	人民币（大写）壹拾万元整	亿	千	百	十	万	千	百	十	元	角	分
				¥	1	0	0	0	0	0	0	0

票据种类	转账支票	票据张数	1
票据号码			

中国建设银行 张家港市支行 2008.03.05 转讫 (1)

复核：　　记账：　　收款人开户银行签章

此联是收款人开户银行交给收款人的收账通知

表 2-6

存根	现金支票
中国建设银行（苏） 现金支票存根 No.33889990	中国建设银行 **现金支票**（苏） No. 33889990
附加信息	出票日期（大写）贰零零捌 年 肆月 壹拾伍日 付款行名称：沙洲路支行
	收款人：张家港市宝利实业有限公司 出票人账号：06635698
出票日期 2008 年 4 月 15 日	本支票付款期限十天　人民币（大写）叁万捌仟伍佰陆拾陆元叁角整
收款人：宝利公司	百 十 万 千 百 十 元 角 分：¥ 3 8 5 6 6 3 0
金　额：¥38 566.30	用途 发工资
用　途：发工资	上列款项请从我账户内支付
单位主管：　会计：许敏	出票人签章［正印 刘观］［张家港市宝利实业有限公司财务专用章］　复核　记账

（2）转账支票

转账支票是由付款人签发，委托开户银行将款项（非现金）支付给收款人或持票人的一种票据。其具体格式如表 2-7 所示。

表 2-7

存根	转账支票
国建设银行（苏） 转账支票存根 No.34889970	中国建设银行 **转账支票**（苏） No. 34889970
附加信息	出票日期（大写）贰零零捌 年 肆月 壹拾伍日 付款行名称：沙洲路支行
	收款人：苏州明珠有限公司 出票人账号：06635698
出票日期 2008 年 4 月 15 日	本支票付款期限十天　人民币（大写）叁万捌仟伍佰陆拾陆元叁角整
收款人：苏州明珠公司	百 十 万 千 百 十 元 角 分：¥ 3 8 5 6 6 3 0
金　额：¥38 566.30	用途 货款
用　途：货款	上列款项请从我账户内支付
单位主管：　会计：许敏	出票人签章［正印 刘观］［张家港市宝利实业有限公司财务专用章］　复核　记账

三、原始凭证的审核

（一）原始凭证审核的内容

审核原始凭证是会计人员结合日常财务工作进行会计监督的基本形式。原始凭证的审核内容主要包括三个方面。

1．真实性审核

所谓真实性，是指原始凭证上反映的应当是经济业务的本来面目，不得掩盖、歪曲和颠倒真实情况。

原始凭证的真实性审核主要从以下几个方面着手。

（1）经济业务双方当事单位和当事人必须是真实的。开出原始凭证的单位、接受原始凭证的单位、填制原始凭证的责任人、取得原始凭证的责任人都要据实填写，不得冒他人、他单位之名，也不得填写假名。

（2）经济业务发生的时间、地点、填制凭证日期必须是真实的。不得把经济业务发生的真实时间改为以前或以后的时间；不得把在甲地发生的经济业务改变为在乙地发生；不得把填制原始凭证的真实日期改为以前或以后的日期。

（3）经济业务的内容必须是真实的。购货业务，必须标明货物的名称、规格、型号等；住宿业务，要标明住宿日期；乘坐交通工具业务，要标明交通工具种类和起止地点；就餐业务，必须标明就餐，不得写成购物或住宿；劳动报酬支付业务，应该附有考勤记录和工资标准等。

（4）经济业务的“量”必须是真实的。购买货物业务，要标明货物的重量、长度、体积、数量；其他经济业务也要标明计价所使用的量，如住宿的天数、参观展览的次数、住院治疗的天数等。

（5）单价、金额必须是真实的。在原始凭证上填写单价和金额，不得抬高或压低单价，多开或少开金额，这是很关键的一点。

2．完整性审核

所谓完整性，是指原始凭证应具备的要素要完整，手续要齐全。

原始凭证的完整性审核主要从以下两个方面着手。

（1）审核原始凭证必须具备的要素是否都填写完整，要素不完整的原始凭证，原则上应退回重填，特殊情况下，需有旁证并经领导批准才能报账。

（2）审核原始凭证的手续是否齐全，主要包括：双方经办人是否签字或盖章；需要旁证的原始凭证，旁证不齐也视为手续不齐全，如采购入库的物品，报销发票时应附有物品入库单；不需入库的物品，发票上应有使用证明人的签名；需要另外登记的原始凭证，需经登记以后再到会计部门报账；需经领导签名批准的原始凭证，要有领导亲笔签名。手续不齐全的原始凭证，应退回补办手续后再予以受理。

3．合法性审核

所谓合法性，就是要求按照会计法规和会计制度（包括本单位正在使用的一些内部会计制度和计划预算）的相关规定办理经济业务。

在实际工作中，违法的原始凭证主要有三种情况，审核时要特别加以注意。

（1）明显的假发票、假车票。有些原始凭证带有明显的时间性，时间变了，用过去版次的原始凭证，很明显是假的。有些原始凭证印制粗糙，印章不规范，也可以看出是假的。

（2）票据真实但制度规定不允许报销的凭证。一般来说，凡私人购置和私人使用的物品，都不能用公款报销；凡个人非因公外出发生的各种费用都不能用公款报销。只要熟悉制度，就很容易判断其合法性。

（3）虽能报销，但制度对报销的比例或金额有明确的限制，超过比例或超过限额的不予报销。例如，职工因公出差乘坐火车轮船到旅馆住宿，对交通工具和旅馆等级、金额都有限定标准，超过部分应自理。

（二）原始凭证审核应注意的问题

1．从外单位取得的原始凭证必须盖有填制单位的公章（一般盖财务专用章或发票专用章），没有公章的原始凭证不能作为报账的依据。有些特殊的原始凭证，出于习惯和使用单位认为不易伪造，可以不加盖公章，但这些凭证一般具有特殊的公认标志，如车船票、飞机票等。

2．从个人处取得的原始凭证应有填制人员的签名或盖章，为了稳妥起见，还应在原始凭证上注明填制原始凭证的个人经营地点或居住地点。

3．自制原始凭证同样具有法律效力，虽不一定加盖公章，但一定要有完整的签审手续。经办人、负责人、审核人一定要签名或盖章，经办单位负责人所指定的人员的签名或盖章视为有效。

4．对外开出的原始凭证，必须加盖本单位的公章，一般为财务专用章或发票专用章。不盖公章的原始凭证是无效凭证。

5．购买实物的原始凭证，必须有实物验收证明；支付款项的原始凭证必须有收款单位或收款人的收款证明，付款人不能自己证明自己已支付了款项。

6．一式几联的原始凭证，必须用双面复写纸复写，并连续编号。因填写错误或其他原因而作废，应加盖“作废”戳记，整份保存，不得缺联。复印的原始凭证一般不能作为记账凭证的依据。

7．已经销售的物品被退回，实物要验收入库并另作处理，退还款项时，要先填制退货发票。用现金退款时要取得对方的收款收据，以银行存款退还时，以银行结算凭证记账联作为证明，不得以退货发票代替对方的收据。

8．职工因公临时借款，应填写正式借据，附在记账凭证的后面。职工归还借款时，应当另开收据或退还借款副本，不得将原件退还给借款者。

9．经过行政机关批准的经济业务，批文是不可缺少的原始凭证。年终，如果需要将批文抽出另行保管时，应当复印一份作为附件替换正式文件。

（三）原始凭证容易出现的错误与舞弊

1．内容记载含糊不清或故意掩盖事实真象，进行贪污舞弊。

2．单位抬头不是本单位。

3．数量、单价与金额不符。

4．无收款单位签章。

5．开具阴阳发票，进行贪污舞弊。

6．在整理和粘贴原始凭证过程中进行作弊。例如，利用单位原始凭证粘贴、整理不规范的弱点，在进行粘贴、整理时，采用移花接木的手法，故意将个别原始凭证抽出，等以后再重复报销；或在汇总原始凭证金额时，故意多汇或少汇，达到贪污其差额的目的。

7．模仿领导笔迹签字冒领。

8．涂改原始凭证的时间、数量、单价、金额，或添加内容和金额。

（四）原始凭证审核结果的处理

在审核原始凭证的过程中，会计人员应认真执行《会计法》所赋予的职责、权限，坚持制度，坚持原则。

对违反国家规定的收支，超过计划、预算或者超过标准的各项支出，违反制度规定的预付款项，非法出售材料、物资，任意出借、变卖、报废和处理财产物资以及不按国家关于成本开支范围和费用划分规定乱挤乱摊成本的凭证，都应拒绝办理；对于内容不完整、手续不齐备、数字有差错的凭证，应予以退回，要求经办人员补齐手续或进行更正；对于伪造或涂改凭证等弄虚作假、严重违法的原始凭证，在拒绝接受的同时，要及时向单位主管或上级主管报告，请求查明原因，追究当事人责任。

第二节 记 账 凭 证

一、记账凭证概述

（一）记账凭证的要素

记账凭证俗称传票，是对经济业务按其性质加以归类，确定会计分录，并据以登记会计账簿的凭证。

记账凭证必须具备以下基本要素。

1．填制记账凭证的日期。

2．填制记账凭证的名称和编号。

3．填制经济业务的摘要。

4．填制应记会计科目（包括一级科目、二级科目和明细科目）、借贷方向及金额。

5．填制过账符号。

6．填制所附原始凭证的张数。

7．填制人员、稽核人员、记账人员和会计主管人员（收款凭证和付款凭证还应增加出纳人员）的签名或印章。

（二）记账凭证的种类

1．按其用途划分

（1）专用记账凭证：按经济业务的某种特定属性定向使用的凭证。它共分三种：收款凭证、付款凭证、转账凭证。

① 收款凭证：专门用于登记现金和银行存款等货币资金的收入业务。

② 付款凭证：专门用于登记现金和银行存款等货币资金的支出业务。

③ 转账凭证：专门用于登记除现金和银行存款等货币资金收付业务以外的转账业务。

（2）通用记账凭证：为各类经济业务共同使用的凭证，亦称作标准凭证。它适用于业务比较单纯、业务量较少的单位。

2．按其填制方法划分

（1）复式记账凭证：将一项经济业务所涉及到的各有关会计科目都集中在一起填制的凭证。

（2）单式记账凭证：将一项经济业务所涉及到的各个会计科目分别填制的凭证。

二、记账凭证的填制

（一）记账凭证的填制要求

1．基本要求

（1）审核无误。在对原始凭证审核无误的基础上填制记账凭证。

（2）内容完整。记账凭证应该包括的内容都要填写完整。

（3）分类正确。根据经济业务的内容，正确区分不同类型的原始凭证，正确运用会计科目，确定会计分录。

（4）编号连续。记账凭证应该连续编号，每月从 1 号开始。

2．具体要求

（1）日期的填写

现金收付业务的记账凭证的日期，以办理收付现金的日期填写；银行付款业务的记账凭证，一般以财会部门开出付款单据的日期或承付的日期填写；银行收款业务的记账凭证，一般按银行进账单或银行受理回执的戳记日期填写；月末结转的业务，按当月最后一天的日期填制。

（2）摘要的填写

摘要的填写要求真实准确，必须与经济业务的内容和所附原始凭证的内容相符；同时要求文字简明扼要，书写整齐清晰，但又能完整地反映经济业务的内容。

（3）会计科目的填写

会计科目应填写会计科目的全称或会计科目的名称和编号，不得简写或只填会计科目的编号而不填名称。需填明细科目的，应在“明细科目”栏内填写明细科目的名称。

（4）金额的填写

记账凭证的金额必须与原始凭证的金额相符。在记账凭证的“合计”行填列合计金额；阿拉伯数字的填写要规范，在合计数字前应填写货币符号，不是合计数字，前面不须填写货币符号；一笔经济业务因涉及会计科目较多，需填写多张记账凭证的，只在最末一张记账凭证的“合计”行填写合计金额。

（5）记账凭证附件张数的计算

除结账和更正错账外，记账凭证后面应附有原始凭证。附件张数的计算以所附原始凭证的自然张数为准，即凡与经济业务内容相关的每一张凭证，都作为记账凭证附件的张数。凡属收付款业务的，原始凭证张数计算均以自然张数为准。但对差旅费、市内交通费、医疗费等报销单据，可贴在一张纸上，作为一张原始凭证（报销清单）附件。附件张数应用阿拉伯数字填写。

如果一张或几张原始凭证涉及几张记账凭证时，可将原始凭证附在一张主要的记账凭证后面，在摘要栏说明“本凭证附件包括××号记账凭证业务”字样，在其他记账凭证上注明“原始凭证在××号记账凭证后面”字样。如果一张原始凭证所列的支出需要几个单位共同负担，应从保管原始凭证的单位取得“原始凭证分割单”作为原始凭证附在记账凭证后面。本单位保管的原始凭证和开出去的“原始凭证分割单”的的存根，应同时作为记账凭证的附件。

（6）会计分录的填制

不同类型的经济业务不得填制在一张记账凭证中。转账凭证和通用记账凭证应按先“借”后“贷”的顺序填列。不得填制“有借无贷”或“有贷无借”的会计分录。

（7）记账凭证的编号

会计人员应及时对记账凭证予以编号。记账凭证无论是全部作为一类编号，还是按收、付、转分类编号，均应按月从“1”号开始顺序编号，不得跳号、重号。复杂的经济业务需使用两张或两张以上的记账凭证，应按顺序用“带分数”另编分号。例如，第 8 号会计业务有三张记账凭证，第一张编号为$8\frac{1}{3}$号，第二张编号为$8\frac{2}{3}$号，第三张编号$8\frac{3}{3}$号。

（8）签名或盖章

记账凭证上规定有关人员的签名或盖章，应全部签章齐全，以明确责任。财会人员较少的单位，在收、付记账凭证上，至少应有两人签章，即会计和出纳的签章。一张记账凭证涉及几个会计记账的，凡记账的会计均应在“记账”签章处签章。会计主管对未审阅过的记账凭证，可以不签章，但仍应对其合法性、准确性负责。

（9）对空行的要求

记账凭证不准跳行或留有余行。填制完毕的记账凭证如有空行的，应在金额栏划一斜线或“S”形线注销。划线应从金额栏最后一笔金额数字下面的空行划到合计数行的上面一行，并注意斜线或“S”形线两端都不能划到有金额数字的行次上。

（10）记账符号的填写

根据审核无误的记账凭证登记账簿完毕后，记账人员要在记账凭证的“记账符号”栏内注明已经记账的符号，如打“√”或注明账页页次，表明已经记账，避免重记、漏记。

（11）书写要求

填制记账凭证可用蓝黑墨水或碳素墨水；如果金额需用红字表示的，数字可用红色墨水，但不准以“负数”表示。下列两种情况，金额可用红色墨水填写即红字记账凭证。

① 记账后发现记账凭证有错误，需采用红字更正法的。

② 会计核算制度规定采用红字填制记账凭证的特定会计业务。

（二）记账凭证的填制举例

1．收款凭证的填制

收款凭证是由出纳人员根据有关反映现金和银行存款收款业务的原始凭证填制的，必须先收款后填凭证。收款凭证左上方的“借方科目”后面应填写“库存现金”或“银行存款”。在凭证内“贷方科目”栏内应填写“库存现金”或“银行存款”对应的贷方科目。收款凭证一般按“现收字第×号”或“银收字第×号”的字样进行顺序编号。例如，宝利公司于 2008 年 11 月 6 日收回长兴公司前欠的货款 150 000 元，存入银行，收到银行转来的收账通知。宝利公司应根据审核无误的原始凭证及有关资料，填制收款凭证，具体格式如表 2-8 所示。

表 2-8

收　款　凭　证

借方科目：银行存款　　　　2008 年 11 月 6 日　　　　银收字第 001 号

摘　要	贷方科目		金　额										记账符号
	总分类账科目	明细科目	千	百	十	万	千	百	十	元	角	分	
收回长兴公司欠款	应收账款	长兴公司			1	5	0	0	0	0	0	0	√
合　计				¥	1	5	0	0	0	0	0	0	

会计主管：　　　出纳：许敏　　　审核：郭琴　　　制单：许敏

注：业务量少的单位也可以不分“现收”与“银收”，只需按业务发生的先后顺序统一编号为“收字第×号”。

2．付款凭证的填制

付款凭证是由出纳人员根据有关反映现金和银行存款付款业务的原始凭证填制的。付款凭证左上方的“贷方科目”后面应填写“库存现金”或“银行存款”。在凭证内“借方科目”栏内应填写“库存现金”或“银行存款”对应的借方科目。付款凭证一般按“现付字第×号”或“银付字第×号”的字样进行顺序编号。例如，宝利公司于 2008 年 11 月 6 日支付前欠本市益鑫公司的货款 30 000 元，开出转账支票。宝利公司应根据审核无误的原始凭证及有关资料，填制付款凭证，具体格式如表 2-9 所示。

需要特别注意的是，对于涉及现金、银行存款之间收付的业务，如从银行提取现金或将现金存入银行等，只按其贷方科目填制付款凭证，不再填制收款凭证，以免重复登记。

表 2-9

付 款 凭 证

贷方科目：银行存款　　　　2008 年 11 月 6 日　　　　银付字第 001 号

摘要	借方科目		金额										记账符号
	总分类账科目	明细科目	千	百	十	万	千	百	十	元	角	分	
支付益鑫公司欠款	应付账款	益鑫公司				3	0	0	0	0	0	0	√
合计					¥	3	0	0	0	0	0	0	

会计主管：　　出纳：许敏　　审核：郭琴　　制单：许敏

注：业务量少的单位也可以不分“现付”与“银付”，只需按业务发生的先后顺序统一编号为“付字第×号”。

3．转账凭证的填制

转账凭证是会计人员根据有关除现金和银行存款收付款业务的原始凭证填制的。由于转账凭证不涉及现金与银行存款，且没有固定的账户对应关系。所以，在转账凭证中，要按“借方科目”与“贷方科目”分别填制有关总分类账科目与明细科目。转账凭证一般按“转字第×号”的字样进行顺序编号。例如，张家港市宝利实业有限公司第一车间于 2008 年 11 月 6 日生产 A 产品领用甲材料 100 公斤，每公斤 70 元，财务部门收到仓库交来的领料单一张。宝利公司应根据审核无误的原始凭证及有关资料，填制转账凭证，具体格式有两种，分别如表 2-10、表 2-11 所示。

表 2-10

转 账 凭 证

2008 年 11 月 6 日　　　　转字第 001 号

摘要	借方科目		贷方科目		金额										记账符号
	总分类账科目	明细科目	总分类账科目	明细科目	千	百	十	万	千	百	十	元	角	分	
生产 A 产品	生产成本	A 产品							7	0	0	0	0	0	√
领用甲材料			原材料	甲材料					7	0	0	0	0	0	√
合计								¥	7	0	0	0	0	0	

会计主管：　　审核：吴彩　　制单：郭琴

表 2-11

转 账 凭 证

2008 年 11 月 6 日　　　　　　　　　　　　　　　　转字第 001 号

摘要	会计科目		借方金额										贷方金额										记账
	总分类账科目	明细科目	千	百	十	万	千	百	十	元	角	分	千	百	十	万	千	百	十	元	角	分	符号
生产A产品	生产成本	A产品					7	0	0	0	0	0											√
领用甲材料	原材料	甲材料															7	0	0	0	0	0	√
合　计						¥	7	0	0	0	0	0				¥	7	0	0	0	0	0	

会计主管：　　　　　　审核：吴彩　　　　　　制单：郭琴

4．通用记账凭证的填制

在实际工作中，对于一些规模比较小、经济业务比较少的企业，为了简化核算手续，也可以不分收款凭证、付款凭证和转账凭证，而采用一种通用的记账凭证来反映所有的经济业务，其格式与转账凭证的格式基本相同，如表 2-12 所示。

表 2-12

记 账 凭 证

2008 年 11 月 6 日　　　　　　　　　　　　　　　　第 001 号

摘要	会计科目		借方金额										贷方金额										记账
	总分类账科目	明细科目	千	百	十	万	千	百	十	元	角	分	千	百	十	万	千	百	十	元	角	分	符号
生产A产品	生产成本	A产品					7	0	0	0	0	0											√
领用甲材料	原材料	甲材料															7	0	0	0	0	0	√
合　计						¥	7	0	0	0	0	0				¥	7	0	0	0	0	0	

会计主管：　　　　　　审核：吴彩　　　　　　制单：郭琴

三、记账凭证的审核

根据审核无误的原始凭证填制的记账凭证，是登记账簿的依据。为了保证账簿记录的质量，在登记账簿前必须认真审核记账凭证，使其正确无误。除记账凭证填制人员应对编制的记账凭证进行自审外，还应在会计部门建立必要的专人或互相审核制度。记账凭证的审核内容一般包括以下几个方面。

（1）按原始凭证审核的要求，对所附的原始凭证进行复核。

① 审核记账凭证后面是否附有原始凭证。

② 审核记账凭证内容是否同所附的原始凭证的内容相符。

③ 审核所附的原始凭证是否齐全。

（2）审核会计分录是否正确，是否与经济内容相符，会计处理方法是否符合会计制度的规定，主要从会计科目、借贷方向及其金额三个方面进行审核。

（3）审核记账凭证应填制的项目是否完整，有关人员是否都已签字盖章。

在审核过程中如发现记账凭证填制错误，必须重新填制，或按照规定的办法加以更正。

第三章 会 计 账 簿

第一节 概 述

一、会计账簿的设置

所谓账簿，就是指由具有一定格式而又相互联系的账页组成，用以连续、系统、全面地记录各项经济业务的簿籍。

在整个会计核算体系中，账簿处于中间环节，对于会计凭证和会计报表具有承前启后的作用。为了科学地记录和反映各项经济业务，各单位应当按照《会计法》、《会计基础工作规范》及国家统一的会计制度的规定，结合会计业务的需要依法设置账簿。

设置账簿，俗称设账，包括确定账簿的的种类，设计账页的格式、内容，规定账簿的登记方法等。虽然各个单位日常使用的会计账簿的的种类、格式各不相同，但它们一般都具有封面、扉页、账页等基本内容。

（一）封面

封面应标明记账单位的名称和账簿的名称，如总分类账、应收账款明细分类账、原材料明细分类账、库存现金日记账和银行存款日记账等。

（二）扉页

扉页应填列“账簿启用及经管人员一览表”和“目录”。

（三）账页

账页是账簿的主要内容，是用来登记各种经济业务事项的载体，各种账页一般包括以下 6 项基本内容。

1．账户的名称：简称户头，即总分类账科目、二级科目或明细科目的名称。

2．日期栏：记账的日期。

3．凭证号栏：记录记账凭证的种类和号数。

4．摘要栏：记录经济业务事项的主要内容。

5．金额栏：反映经济业务的增减变动过程和结果。它包括借方金额、贷方金额、余额及借贷方向。

6．页次栏：包括总页次和分户页次。

二、会计账簿的启用

会计账簿是企业非常重要的会计资料，为了保证账簿记录的合法性和完整性，明确记账责任，按照《会计基础工作规范》的规定，启用新的会计账簿时，一般应当遵循以下程序和要求。

（一）填写封面

账簿封面应当填写记账单位的名称和账簿的名称。

（二）填写扉页

扉页上的“账簿启用及经管人员一览表”，其内容主要包括：启用日期、账簿页数、记账人员和会计机构负责人或会计主管人员姓名，并加盖个人私章和单位公章。如果更换记账人员、会计机构负责人或会计主管人员时，应按照《会计基础工作规范》的规定办理交接，并在“账簿启用及经管人员一览表”的交接记录中注明交接日期及移交人、接管人和监交人的姓名。“账簿启用及经管人员一览表”如表3-1所示。

表3-1

账簿启用及经管人员一览表

单位名称	张家港市宝利实业有限公司			印鉴	
账簿名称	总账　第001册			刘观正印 张家港市宝利实业有限公司财务专用章	
账簿号码	第1号				
账簿页数	本账簿共计100页				
启用日期	2009年1月1日				
经管人员一览表					
负责人		主办会计		记账人员	
姓名	盖章	姓名	盖章	姓名	盖章
刘观正	刘观正印	吴彩	吴彩	郭琴	郭琴
交接记录一览表					
接管人		移交人		监交人	
接管日期	盖章	移交日期	盖章	监交日期	盖章
2009年3月5	曹丹	2009年3月5	许敏	2009年3月5	吴彩
印花税票					

（三）粘贴印花税票

根据税法的规定，单位在启用营业账簿时应缴纳印花税。需要粘贴印花税票的账簿，印花税票一律粘在账簿扉页——“账簿启用及经管人员一览表”中的“印花税票”一栏里，并在印花税票的中间划两根出头的横线，以示注销。如果使用缴款书方式交纳印花税时，在账簿扉页——“账簿启用及经管人员一览表”中的“印花税票”一栏注明“印花税已缴”及金额，缴款书作为记账凭证的原始凭证登记入账。

（四）填写目录

有些账簿，如总分类账，需要填写目录，表明每个账户的编号、名称和页次。登记示范如表 3-2 所示。

表 3-2

目　录

编　号	科目名称	起讫页码	编　号	科目名称	起讫页码
1	库存现金	1	21		
2	银行存款	3	22		
3	应收账款	5	23		
4	原材料	7	24		
5	库存商品	8	25		
6	固定资产	12	26		
7	累计折旧	14	27		
8	短期借款	17	28		
9	应付账款	20	29		
10	应付职工薪酬	23	30		
11			31		
12			32		
13			33		
14			34		
15			35		
16			36		
17			37		
18			38		
19			39		
20			40		

（五）登记账簿

各单位应当按照《会计法》、《会计基础工作规范》及国家统一的会计制度的规定登记账簿。登记账簿时应当遵循以下几项基本要求。

1. 准确完整

登记会计账簿时，应当将会计凭证的日期、编号、摘要、金额和其他有关资料逐项记入账簿内，做到登记及时、数字准确、文字规范、摘要简明。

2. 记账数字

账簿中书写的文字和数字不得写满格，一般应占格距的1/3或1/2，上面要留有适当的空间，以便更正改错。为了使账簿记录清晰并防止篡改，必须用蓝黑或黑色墨水钢笔记账，不得使用圆珠笔（复写账簿除外）或铅笔记账。

红色金额数字在会计工作中表示负数，是蓝字的抵减数字，所以要慎用红字。红字记账只限于以下情况。

（1）采用红字更正法冲销错账记录。

（2）使用红线画线注销或画线结账。

（3）在不设借贷栏的多栏式明细分类账账页中，用红字登记减少数或转销数。

（4）在没有注明借贷余额方向的三栏式明细分类账中，用红字登记负数余额。

（5）根据国家统一会计制度的规定可以用红字登记的其他会计记录。

3. 过账符号

记账人员应根据审查无误的会计凭证及时登记账簿，在记账凭证的“过账”栏里注明过账符号“√”，表示已经记账，避免重记、漏记。然后，在记账凭证的下方“记账”处签名或盖章，以明确责任。

4. 基本栏目

（1）日期栏：登记记账凭证的填制日期。年栏，可以填写两位数字；月栏，只在每页第一行、办理月结和变更月份时填写；日栏，在每页第一行、变更日期和办理月结时填写，日期与上行相同时可以不写。

（2）凭证号栏：一般登记记账凭证的分号，如“收×”、“付×”、“转×”等。如果采用通用记账凭证，只需直接写号数；如果采用汇总方式登记总分类账，则可以写“科汇×”或“汇收×”、“汇付×”、“汇转×”。

（3）摘要栏

① 摘要文字一般紧靠左面且紧贴底线书写，字高约占格距的1/3到1/2，上面要留有适当的空间，以便更正改错，并与金额栏内的数字配套。

② 摘要内容简明扼要，通俗易懂，能说明经济业务事项就行。

③ 特殊摘要红字居中书写（也可用红字印章），如“年初余额”、“月初余额”、“本月合计”、“承前页”、“转次页”、“上年结转”、“结转下年”等。

（4）对方科目栏：填写该笔会计分录中所登记科目的反向科目的名称。例如，“借：银行存款，贷：应收账款”，在这笔分录中，“银行存款”的对方科目是“应收账款”，而“应收账款”的对方科目是“银行存款”。

（5）金额栏：借贷发生额栏根据规定的记账依据进行登记；余额栏中的借或贷的借贷方向和余额栏应同时登记，缺一不可（没有余额方向栏的账页除外）。

5．连续登记

各种账簿应逐行逐页顺序连续登记，不得跳行隔页登记。这样做不仅使账目清楚，符合记账规范，而且避免由于跳行隔页可能出现的意外事端。一旦由于工作失误而不慎发生跳行隔页时，不得随意撕毁账页，而应按规定的方法进行纠正。其纠正的方法有两种：一种是从空行或空页的“摘要”栏到“余额”栏，用红线划一条交叉对角线，予以注销，如表 3-3、表 3-4 所示；另一种是在跳行所在行盖上“此行空白”字样印鉴，在隔页处盖上“此页空白”字样印鉴，并且同时由记账人员和会计主管人员签名或盖章，如表 3-5、表 3-6 所示。

表 3-3　空行注销（一）

会计科目：应收账款

2008 年		凭证号数	摘　要	借方金额	贷方金额	借或贷	余　额
月	日						
7	1		承前页			借	50 000.00
	4	收 7	收回欠款		50 000.00	平	0
	15	转 24	销售商品款未收	30 000.00		借	30 000.00

表 3-4　空页注销（一）

会计科目：应收账款

2008 年		凭证号数	摘　要	借方金额	贷方金额	借或贷	余　额
月	日						

表 3-5　空行注销（二）

会计科目：应收账款

2008 年		凭证号数	摘　要	借方金额	贷方金额	借或贷	余　额
月	日						
7	1		承前页			借	50 000.00
	4	收 7	收回欠款		50 000.00	平	0
			此行空白				
			此行空白	曹丹	吴彩		
	15	转 24	销售商品款未收	30 000.00		借	30 000.00

表 3-6　空页注销（二）

会计科目：应收账款

2008 年		凭证号数	摘　要	借方金额	贷方金额	借或贷	余　额
月	日						
			此页空白	曹丹	吴彩		

6．结算余额

凡是需要结算余额的账户，结出余额后，应当在“借或贷”栏内（一般是三栏式账页）注明“借”或“贷”字样，在余额栏内写上金额；没有余额的账户，应当在“借或贷”栏内写“平”字，并在余额栏内元位上用“0”表示，在拾位和角位分别用“—”表示，形成“—0—”字样。库存现金日记账和银行存款日记账必须逐日结出余额。结算余额示范如表 3-7 所示。

7．账页转换

每页账页登记完毕应办理转页手续，即结出本页合计数及余额，写在本页最后一行和次页第一行有关栏内，并分别在“摘要”栏内注明“转次页”和“承前页”字样。对于需要结出“本月发生额”的账户，本页最后一行发生额合计数，应为自月初起至本页止的累计数；对于需要结出“本年累计发生额”的账户，本页最后一行发生额合计数，应为自年初起至本页止的累计数；对于既不需要结出“本月发生额”，也不需要结出“本年累计发生额”的账户，本页最后一行发生额合计数，应是本页发生额的合计数，只需将每一页的余额结转次页即可。账页转换的示范如表 3-8、表 3-9 所示。

表 3-7 结算余额

会计科目：应收账款

2008 年 月	日	凭证号数	摘 要	借方金额	贷方金额	借或贷	余 额
7	1		承前页			借	50 000.00
	4	收 7	收回欠款		50 000.00	平	0.
	15	转 24	销售商品，款未收	30 000.00		借	30 000.00

表 3-8 账页转换（一）

会计科目：应收账款

2008 年 月	日	凭证号数	摘 要	借方金额	贷方金额	借或贷	余 额
7	4		承前页	150 000.00	100 000.00	借	50 000.00
	4	收 7	收回欠款		50 000.00	平	0
	15	转 24	销售商品款未收	30 000.00		借	30 000.00
	17	转 29	销售商品款未收	50 000.00		借	80 000.00
	18	转 30	销售商品款未收	50 000.00		借	130 000.00
	20	收 12	收回欠款		80 000.00	借	50 000.00
	21	转 32	销售商品款未收	40 000.00		借	90 000.00
	22	转 33	销售商品款未收	60 000.00		借	150 000.00
	22		过次页	380 000.00	23 000.00	借	150 000.00

表 3-9 账页转换（二）

会计科目：应收账款

2008 年 月	日	凭证号数	摘 要	借方金额	贷方金额	借或贷	余 额
7	22		承前页	380 000.00	23 000.00	借	150 000.00
	23	收 13	收回欠款		50 000.00	借	100 000.00
	24	转 39	销售商品款未收	30 000.00		借	130 000.00

第二节　日　记　账

日记账又称序时账，是对经济业务按其发生时间的先后顺序，逐日逐笔详细登记经济业务的一种账簿。日记账可以分为特种日记账和普通日记账两种。日常工作中登记的主要是特种日记账。

特种日记账是为记录某一类经济业务专门设置的日记账。它的特点是对某些重要的、发生频繁、需要经常查核、性质相同的经济业务进行逐笔序时登记。常用的特种日记账有库存现金日记账、银行存款日记账等。根据企业会计制度的规定，企业必须设置库存现金日记账和银行存款日记账，用来记录库存现金和银行存款的收入、支出和结存情况，而且必须采用订本式账簿。

一、库存现金日记账

库存现金日记账是出纳员根据审核后的收付款凭证，逐日逐笔登记现金收付业务的一种账簿，一般采用三栏式，包括“收入（或借方）”,“支出（或贷方）”和“结余（或余额）”等三栏基本内容。其具体格式如表 3-10 所示。

表 3-10

库存现金日记账

第　　页

年		凭证号	摘要	对方科目	收入									支出									结余								
月	日				百	十	万	千	百	十	元	角	分	百	十	万	千	百	十	元	角	分	百	十	万	千	百	十	元	角	分

库存现金日记账的登记程序如下。

1．登记期初余额

在账页的第一行登记期初余额的所属日期、摘要和余额，其中的摘要栏需要考虑不同的情况。例如，若为年初余额，摘要栏写“上年结转”；若为月初余额，摘要栏写“月初余额”等。

2．逐日逐笔登记账项

（1）登记“日期栏”：将发生经济业务的日期填入“日期”栏。“年度”记入该栏上端，“月、日”分别填入各小栏内，除年度、月份变动或使用新账页时需要填写年度和月份外，月度内记账可只填写“日”一栏。

（2）登记“凭证号数”栏：登记该项经济业务所填制记账凭证的种类和编号，如“收×”、“付×”、“现收×”、“现付×”、“银付×”。

（3）登记“摘要”栏：简明扼要地写明经济业务的内容，也可照抄收、付款凭证上的摘要。

（4）登记“对方科目”栏：登记所记账户的对应科目，即现金收入的来源科目或现金支出的用途科目。

（5）登记“收入”、“支出”、“结余”栏：登记现金收入、支出的发生额及结存余额。

（6）每一笔账项登记完毕，在记账凭证的“记账符号”栏内作已记账的标记“√”。

3．办理日结手续

（1）检查本日有无错记、重记或漏记的账项，如有差错，予以更正或补记。

（2）划“计算线”，即在本日最后一笔记录行底线上，划一道通栏红线。

（3）在“计算线”的下一行写日结的日期。在摘要栏注明“本日合计”字样，并在此行分别结记本日收支合计和余额。

（4）划“结束线”，即在日结行底线上划一道通栏红线。

4．办理月结手续

（1）在本月最后一日日结行下面写月结日期和“本月合计”字样，并在此行结计本月发生额和余额。

（2）划“结束线”，即在月结行底线上划一道通栏红线。

二、银行存款日记账

银行存款日记账是出纳员根据审核后的收付款凭证，逐日逐笔登记银行存款收入、支出和结存情况的一种账簿，一般采用三栏式，包括“收入（或借方）”,“支出栏（或贷方）”和“结余（或余额）”等三栏基本内容。在银行存款日记账的“摘要”栏和“对方科目”栏之间增加“结算凭证”栏，用来填写办理银行存款收付业务时所依据的结算凭证的种类和号数，以便于和银行进行账目核对。其具体格式如表 3-11 所示。

表 3-11

银行存款日记账

第　页

年		凭证号	摘要	结算凭证		对方科目	借方									贷方									余额								
月	日			种类	号数		百	十	万	千	百	十	元	角	分	百	十	万	千	百	十	元	角	分	百	十	万	千	百	十	元	角	分

银行存款日记账的登记程序和库存现金日记账的登记程序基本相同。另外还应注意以下几项。

1．在银行存款日记账中的“结算凭证种类与号数”栏，登记现金支票存根、转账支票存根、信汇凭证等银行结算凭证的种类和号数，可简写为“现支×”、“转支×”、“信汇×”等。

2．每日终了，应结出账面余额，并定期与银行对账单逐笔进行核对，每月至少一次，如果核对不符，应及时查明原因，予以更正。核对银行存款余额时，如果有未达账项，需要时应按月编制“银行存款余额调节表”，如表 3-12 所示。

表 3-12

银行存款余额调节表

编制单位：　　　　年　　月　　日　　　　计量单位：

项　　目	金　额	项　　目	金　额
企业银行存款日记账账面余额		银行对账单余额	
加：银行已收，企业未收		加：企业已收，银行未收	
减：银行已付，企业未付		减：企业已付，银行未付	
调节后余额		调节后余额	

需要注意的是，调节后的银行存款余额，是指根据双方账面余额和未达账项调节后的余额，是企业实际可使用的银行存款数额。

银行存款余额调节表并不是作为更改账簿记录的原始凭证，编制“银行存款余额调节表”只是及时查明本单位和银行双方账面记载有无差错的一种检查方法。

银行存款余额调节表的编制可分为以下几步。

（1）检查银行存款日记账登记的完整和正确性。

（2）将银行存款日记账与银行对账单逐笔核对，经核对相符的，做出标记“√”，核对完毕，未被做标记“√”的，即可能为未达账项。

（3）对已经找出的未达账项，按未达账项可能发生的情况进行归类。

（4）编制“银行存款余额调节表”。在企业或银行现有账面余额的基础上，各自补记对方已入账而自己尚未入账的款项（包括增加金额和减少金额），即“谁未增谁增，谁未减谁减”，然后验证经过调节后的余额是否相符。如果相符，表明双方账目一般没有错误，否则说明记账有错误，应进一步查明原因，予以改正。

第三节　明细分类账

明细分类账简称明细账，是指按每个明细科目设置用以分类登记某一类经济业务，提供明细核算资料的一种账簿。它对总分类账起补充作用。因此，各单位都应在设置总分类账簿的基础上，根据相关规定和经营管理的需要，设置明细分类账。明细分类账一般根据记账凭证和所附的原始凭证逐笔登记，也可以根据原始凭证汇总表或原始凭证定期汇总登记。明细分类账的账簿一般采用活页式或卡片式，账页格式可结合各项经济业务的具体内容和经营管理的需要进行设计，主要有三种格式，即三栏式、数量金额式和多栏式。

（一）三栏式明细分类账

三栏式明细分类账的账页格式只设“借方”、“贷方”和“余额”三个基本金额栏，不设数量栏。它适用于只进行金额核算而不进行数量核算的明细分类账户。例如，应收账款、应付账款、短期借款等债权债务结算账户和实收资本等明细分类账。其具体格式如表 3-13 所示。

三栏式明细分类账的登记程序如下。

1．根据经济业务需要分别开设明细分类账账户，然后登记期初借贷并注明借贷方向。

2．逐日逐笔登记账项，包括登记“日期栏”、“凭证号数”、“摘要”、“借方”、“贷方”和“余额”等栏目。每一笔账项登记完毕，在记账凭证合适的位置上作记账的标记“√”。

3．逐日结算出余额，并注明余额的方向。

表 3-13

××明细分类账

第　　页

年		凭证号	摘要	借方									贷方									借或贷	余额								
月	日			百	十	万	千	百	十	元	角	分	百	十	万	千	百	十	元	角	分		百	十	万	千	百	十	元	角	分

（二）数量金额式明细分类账

数量金额式明细分类账的账页格式，既要设“收入”、“发出”和“结存”栏，又要在每栏内再分设“数量”、“单价”和“金额”栏。它一般适用于既要进行金额核算，又要进行实物数量核算的财产物资类的明细分类账，以此来加强财产物资的管理。例如，“原材料”、“库存商品”等明细分类账账户。其具体格式如表 3-14 所示。

表 3-14

××明细分类账

第　　页

名称及规格：　　　　　　　　　　　　　　　　计量单位：

年		凭证号数	摘要	收入			发出			结存		
月	日			数量	单价	金额	数量	单价	金额	数量	单价	金额

数量金额式明细分类账的登记程序如下。

1．按材料物资名称及规格分别开设明细分类账账户，月初余额（包括数量、单价、金额）登记在结存（余额）栏。

2．逐日逐笔登记账项，包括登记“日期栏”、“凭证号数”、“摘要”、“收入”、“发出”和“结存”等栏目。数量单价金额应根据材料物资的入库单、出库单等原始凭证逐日逐笔登记，每一笔账项登记完毕，在记账凭证合适的位置上作记账的标记“√”。

3．逐日结算结存数，包括数量、单价和金额（在不同盘存制度和不同的存货计价方法下，登记程序会有所不同）。

（三）多栏式明细分类账

多栏式明细分类账的账页格式是根据经济业务的特点和经营管理的需要，在同一账页内设置若干专栏，用以登记某一类经济业务的增减变动详细情况。专栏的多少可按具体科目的实际情况进行设置。多栏式明细分类账的账页可进一步分为借贷两方多栏式、借方多栏式和贷方多栏式三种。多栏式明细分类账的账页主要适用于只要求登记金额、明细项目较多且要求分别列示的明细分类账，如“生产成本”、“制造费用”、“管理费用”、“销售费用”和“应交税费”等。其具体格式如表3-15所示。

表3-15

××明细分类账

第　　页

年		凭证	摘　要	借　　方						贷　方	余　额
月	日	号数		××费	××费	××费	××费	××费	借方合计		

多栏式明细分类账的登记程序如下。

1．根据经济业务需要，按各明细项目分别开设明细分类账户，登记期初余额并注明余额方向，但有的明细分类账账户没有期初余额。

2．逐日逐笔登记账项，包括登记“日期栏”、“凭证号数”、“摘要”、“借方”的各个明细栏目或“贷方”的各个明细栏目。每一笔账项登记完毕，在记账凭证合适的位置上作记账的标记“√”。

明细分类账除了以上三种基本格式外，还可以根据不同的核算内容和管理要求采用其他格式。例如，“其他应收款——备用金”等账户的明细核算，可采用横线登记法。横线登记法，即借方一般应按会计凭证的编号逐日逐笔顺序登记，贷方则不要求按会计凭证的编号逐日逐笔顺序登记，而在其借方记录的同一行内进行登记。同一行内借贷方均有登记时，表示该经济业务已经处理完毕。如果有借方余额，而贷方无记录，则表示该项业务还未结束。

第四节　总 分 类 账

总分类账简称总账，它是按一级会计科目即总分类科目设置，用来登记企业发生的全部经济业务事项的账簿。根据会计法有关规定，每个单位必须设置总分类账簿，用来全面、总括地反映和记录经济业务所引起的资金运动和财务收支的变动，为编制会计报表提供数据。总分类账必须采用订本式账簿。由于总分类账是用来记载总括的核算数据，一般采用“借方”、“贷方”和“余额”的三栏式账页，具体格式如表 3-16 所示。

表 3-16

总 分 类 账

会计科目________　　　　　　　　　　　　　　　　　　　　　　第　　页

年		凭证号数	摘要	借方									贷方									借或贷	余额								
月	日			百	十	万	千	百	十	元	角	分	百	十	万	千	百	十	元	角	分		百	十	万	千	百	十	元	角	分

总分类账由各企业的总分类账会计负责登记，其登记依据和登记方法取决于企业所采用的账务处理程序。总分类账既可以根据记账凭证直接逐笔登记，也可以根据汇总表定期登记。

（一）根据记账凭证直接登记总分类账

根据记账凭证直接登记总分类账，即记账凭证账务处理程序，是指直接根据记账凭证逐笔登记各个账户。它是最基本的账务处理程序。其具体的登记程序如下。

1．登记“日期栏”：将发生经济业务的日期填入“日期”栏。“年度”记入该栏上端，“月、日”分别填入各小栏内，除年度、月份变动或使用新账页时，需要填写年度和月份外，一般只填写“日”一栏。

2．登记“凭证号数”栏：登记该项经济业务所填制记账凭证的种类和编号。

3．登记“摘要”栏：简明扼要地写明经济业务的内容，也可照抄记账凭证的摘要。

4．登记“借方”、“贷方”栏：登记经济业务应借应贷的金额。

5．登记“余额”栏：账目登记结束应结出余额，并根据业务性质判断余额的方向是借还是贷，填入“借或贷”栏内。

6．每一笔账项登记完毕，在记账凭证合适的位置上作记账的标记“√”。

根据记账凭证账直接登记总分类账的示范如表 3-17 所示。

表 3-17

总分类账

会计科目 银行存款　　　　第 3 页

08年		凭证号数	摘要	借方									贷方									借或贷	余额								
月	日			百	十	万	千	百	十	元	角	分	百	十	万	千	百	十	元	角	分		百	十	万	千	百	十	元	角	分
7	1		期初余额																			借		5	0	2	1	0	9	0	4
	2	记 1	收红兴欠款		1	0	0	5	0	8	7	3										借		6	0	2	6	1	7	7	7
	9	记 7	付购料款												7	5	3	8	2	0	0	借		5	2	7	2	3	5	7	7
	12	记 18	提现												5	0	0	0	0	0	0	借		4	7	7	2	3	5	7	7
	16	记 26	付顺达欠款												4	3	5	6	0	7	0	借		4	3	3	6	7	5	0	7
	23	记 37	收销货款			6	6	3	2	9	0	0										借		5	0	0	0	0	4	0	7
	29	记 38	付电费												2	7	9	6	4	3	3	借		4	7	2	0	3	9	7	4
	31		本月合计		1	6	6	8	3	7	7	3		1	9	6	9	0	7	0	3	借		4	7	2	0	3	9	7	4

（二）根据汇总表定期登记总分类账

根据汇总表定期登记总分类账是指定期（每 10 天、15 天等）将所有记账凭证汇总编制成科目汇总表或汇总记账凭证，然后再根据汇总表登记总分类账。汇总表的主要作用是作为记账凭证与总分类账的中间环节，以减少登记总分类账的工作量，并可起到发生额试算平衡或明确对应关系的作用。现以科目汇总表账务处理程序为例来介绍根据汇总表定期登记总分类账的具体程序。

1．编制科目汇总表。定期（每 10 天、15 天等）将所有记账凭证汇总编制成科目汇总表，如表 3-18、表 3-19 所示。

表 3-18

科目汇总表

2008 年 7 月 1 日—7 月 15 日　　科汇第 7-1

会计科目	记账符号	本期发生额		记账凭证起讫号
		借　方	贷　方	
库存现金		50 000.00	32 783.66	记账凭证 01-25 号
银行存款	√	100 508.73	125 382.00	
应收账款		73 650.00	100 508.73	
略		略	略	
合　计		9 513 968.73	9 513 968.73	

会计主管：　记账：　复核：吴彩　制表：郭琴

表 3-19

科目汇总表

2008 年 7 月 16 日—7 月 31 日　　科汇第 7-2

会计科目	记账符号	本期发生额		记账凭证起讫号
		借　方	贷　方	
库存现金		120 000.00	77 932.55	记账凭证 26-49 号
银行存款	√	66 329.00	71 525.03	
应收账款		125 783.64	46 877.23	
略		略	略	
合　计		712 112.64	712 112.64	

会计主管：　记账：　复核：吴彩　制表：郭琴

编制科目汇总表的具体操作方法如下。

（1）汇总的日期应写期间数，如×年×月×日至×年×月×日。编号一般按月顺序编号，也可采用“月份＋当月顺序号”的双重编号法，如 12 月份的第一张汇总凭证，编号为“1201”或者“12-1”。

（2）把汇总期间记账凭证的相同总分类账科目的借方金额和贷方金额分别相加。

（3）将每一会计科目的汇总金额填入汇总表后，应分别加总计算全部科目的借方发生额合计和贷方发生额合计，并填入表中最末行合计栏内。用“借方发生额合计＝贷方发生额合计”进行试算平衡，若不平衡应检查原因。不平衡原因若为凭证的借贷金额不等，则改正凭证错误；若是在登记“丁”字账户时，发生记账方向记反、记错金额数字、重复或漏登记有关数字、合计发生额时计算错误等原因而导致不平衡，应纠正错误并重新试算，直到平衡为止。

（4）注明该科目汇总表所汇总的记账凭证的起讫号数。

（5）制证、复核、会计主管、记账人员等人员履行职责后应分别签章。

2．登记“日期栏”：登记汇总期间的最后一天，如按旬汇总，则登记日期分别为 10 日、20 日、30 日或 31 日；按半月汇总，则登记日期分别为 15 日、30 日或 31 日。

3．登记“凭证号数”栏：登记该科目汇总表的编号，如科汇第×号。

4．登记“摘要”栏：应注明汇总的期间，如 1-10，11-20，21-30 或者 1-15，16-30。

5．登记“借方”、“贷方”栏：根据科目汇总表应借应贷的金额分别记入总分类账的“借方”、“贷方”。

6．登记“余额”栏：账目登记结束后结出余额，并根据业务性质判断余额的方向是借方还是贷方，填入“借或贷”栏内。

7．每一笔账项登记完毕，在科目汇总表合适的位置上作记账的标记“√”。

根据科目汇总表登记总分类账的示范如表 3-20 所示（科目汇总表按半月编制）。

表 3-20

总分类账

会计科目 银行存款　　　　　　　　　　　　　　第 2 页

08 年		凭证号数	摘要	借方									贷方									借或贷	余额								
月	日			百	十	万	千	百	十	元	角	分	百	十	万	千	百	十	元	角	分		百	十	万	千	百	十	元	角	分
7	15		期初余额																			借		5	0	2	1	0	9	0	4
	15	汇 7-1	1-15		1	0	0	5	0	8	7	3		1	2	5	3	8	2	0	0	借		4	7	7	2	3	5	7	7
	31	汇 7-2	16-31			6	6	3	2	9	0	0			7	1	5	2	5	0	3	借		4	7	2	0	3	9	7	4
	31		本月合计		1	6	6	8	3	7	7	3		1	9	6	9	0	7	0	3	借		4	7	2	0	3	9	7	4

第五节　对账与结账

一、对账

对账是指在有关经济业务入账以后，为保证账簿记录的正确性而对账簿记录进行核对的一种方法。

对账的主要内容包括：账证核对、账账核对、账实核对。

（一）账证核对

账证核对是指核对会计账簿记录与原始凭证、记账凭证的时间、凭证字号、内容、金额是否一致，记账方向是否相符。这种核对主要是在日常编制记账凭证和记账的过程中通过复核来进行的，在期末结账时也可进行重点抽查。账证核对相符是保证账账相符和账实相符的基础。

（二）账账核对

账账核对是指核对不同会计账簿之间的记录是否相符。它主要包括以下几个方面。

1. 总分类账借方与贷方金额的核对：总分类账账户中全部账户的本期借方发生额合计数与贷方发生额合计数，全部账户的期末借方余额合计数与期末贷方余额合计数应分别核对相符。这种核对通常在期末通过编制相应的试算平衡表进行，可分别编制发生额试算平衡表和余额试算平衡表，也可将二者合并编制一张发生额及余额试算平衡表。

2. 总分类账与日记账的核对：总分类账账户中库存现金、银行存款的期初余额、本期发生额和期末余额应与库存现金日记账、银行存款日记账的相应数字分别核对相符。

3. 总分类账与明细分类账的核对：各总分类账账户的期初余额、本期发生额和期末余额应与其所属明细分类账账户期初余额合计数、本期发生额合计数和期末余额合计数的相应数字分别核对相符。

4. 各部门财产物资明细分类账的核对：会计部门有关财产物资明细分类账的余额，应与财产物资保管部门或使用部门相应明细分类账的余额核对相符。

（三）账实核对

账实核对是指核对会计账簿记录与财产物资等实物数是否相符。它主要包括以下几个方面。

1. 账款核对：库存现金日记账账面余额应与库存现金实存数核对相符。

2．账单核对：银行存款日记账账面余额应与开户银行的对账单余额核对相符。

3．账物核对：各种财产物资明细分类账账面余额应与财产物资实存数核对相符。

4．账人相对：各种应收、应付款项明细分类账账面余额应与有关债务人、债权人核对相符。

二、结账

结账是指在一定时期内发生的全部经济业务登记入账的基础上，计算本期发生额和期末余额，结束本期账簿记录的一种方法。企业不能提前结账，也不能延迟结账。

在结账之前，企业必须将本期内所发生的各项经济业务（日常发生的经济业务和根据权责发生制编制的期末调整事项）全部登记入账，然后核对账目，发现漏记或错记，应及时补记或更正。在保证账证相符、账账相符和账实相符的基础上，企业分别按规定结出各种日记账、总分类账、明细分类账的本期发生额和期末余额，并划线结账。其具体方法如下。

1．对于本月没有发生额的账户，不必进行月结（不划结账红线）。

2．对于不需要按月结计本月发生额的账户，如各项应收应付明细分类账和各项财产物资明细分类账等，每次记账以后，都要随时结出余额，每月最后一笔余额即为月末余额。月末结账时，只需要在最后一笔经济业务记录之下划一条通栏单红线，表示"本期记录到此结束"，不需要另外再结计一次余额。

3．对于现金、银行存款日记账，每月结账时，要在最后一笔经济业务记录下面划一条通栏单红线，在下一行的摘要栏内用红字居中注明"本月合计"字样，同时在该行结出本月发生额及余额，然后在"本月合计"行的下面再划一条通栏单红线。

4．对于需要结计本年累计发生额的某些明细分类账账户，如应交税费明细分类账、成本类明细分类账及收入、费用等损益类明细分类账，每月结账时，应在"本月合计"行下结计自年初起至本月末止的累计发生额，登记在当月发生额下一行，在摘要栏内注明"本年累计"字样，并在下面划一条通栏单红线。12 月末的"本年累计"就是全年累计发生额，应在其下划通栏双红线，表示年末封账。

5．对于总分类账账户，平时只需要结计月末余额。年终结账时，为了反映全年各项资产、负债及所有者权益增减变动的全貌，便于核对账目，要将所有总分类账账户结计全年发生额和期末余额，在摘要栏内注明"本年合计"字样，并在本年合计数下划一条通栏双红线，表示年末封账。

6．对于需要结计本月发生额的某些账户，如果本月只发生一笔经济业务，结账时，只要在此行记录下划一条通栏单红线，表示与下月的发生额分开就可以了，不需另结出"本月合计”数。

年度结账后，有余额的账户，要将其余额结转下年，并在摘要栏注明“结转下年”字样；将各账户的年末余额以同方向直接记入下一年有关新账的账户中，并在下一年新账第一行摘要栏内注明“上年结转”或“年初余额”字样。新旧账簿有关账户之间结转余额，无须另行编制记账凭证。

第六节　错账的查找与更正

由于各种原因，记账错误是难以完全避免的。记账错误通常是在对账过程中发现的，一旦发现错误，应认真查找，并按规定方法予以更正。

一、错账的查找

（一）错账的常见形式

1. 影响借贷平衡的错账

（1）相邻数字颠倒，如 78 错记为 87。

（2）多记或少记位数，如 500 错记为 5 000，或 60 000 错记为 6 000。

（3）记错借贷方向，如将借方发生额错记到贷方，或将贷方发生额错记到借方，造成一方重记，而另一方未记。

（4）借贷两方一方记账，另一方漏记。

（5）数字记录错误，如 36 000 错记为 30 000。

（6）计算错误，如余额算错或合计数加错。

以上错账会造成借贷不平，在进行试算平衡时能够发现。

2. 不影响借贷平衡的错账

（1）整笔业务重复记录借贷双方账户。

（2）整笔业务借贷双方都遗漏记账。

（3）把甲账户发生额错记入乙账户中。

（4）几种错误交织，差数相互抵消。

以上错账在进行试算平衡时不易发现。

（二）错账的查找步骤

1. 检查试算平衡表

当出现错账时，应首先从以下几个方面检查试算平算表是否平衡。

（1）检查试算平衡表期初余额是否正确。

（2）检查各账户期初余额加减本期发生额是否等于期末余额。

（3）检查各账户期初余额借贷方向在过入试算平衡表时是否抄错。

（4）检查试算平衡表期初余额、本期发生额、期末余额三大栏内借贷金额合计数是否分别平衡。

2．检查异常账户

经复核后的试算平衡表还是不平时，应进一步检查各分类账的异常账户。

（1）检查各分类账账户余额计算是否正确。

（2）检查各分类账账户前、后页余额是否有过账错误。

（3）检查总分类账账户与所属明细分类账账户的本期发生额及余额是否相等。

（4）检查是否有余额异常的账户，如某些比较稳定的数额突然发生较大幅度变化等。

3．采用抽查法检查单一性错账

经过前两项的检查仍不平衡时，可采用抽查法检查单一性错账。抽查法是指针对个别差错数字查找账目的一种方法，通常有以下三种。

（1）差额法。它是指由记账人员根据错账的差额，查找所发生的全部经济业务中发生额与差额相同的一笔会计事项是否漏记或重记的一种方法。如果是漏记，则哪方数额小，漏记就在哪方；如果是重记，则哪方数额大，重记就在哪方。

差额法主要适用于查找总分类账与明细分类账之间产生漏记或重记的错账。

（2）除 2 法。它是指用账簿之间或账实之间的差数除以 2，来检查所得的商数是否是账簿中错误数字的一种方法。例如，在总分类账试算平衡的前提下，若现金总分类账余额为 1 800 元，而现金日记账余额为 1 600 元，二者差数为 200 元。用 2 除之，其商为 100 元。这 100 元可能就是日记账中记错了方向的错误数字，即应该在借方记录 100 元，但误记入贷方，所以日记账余额正好比总分类账少了 200 元。这样，在日记账中查找错误数字就有了一定目标，缩小了范围，不必再逐笔查找其他数字了。反之，若日记账比总分类账多了 200 元，则可能是应该在贷方记 100 元，而误记了借方，因而可以在日记账的借方查找。这种方法简便实用，在账实不符的情况下，若差数为偶数，同样可以采用此方法查找错误数字。

除 2 法主要适用于查找账户中出现单一性反向错账，若出现多笔错误数字就不太适用了。（3）除 9 法。它是指用账账之间的差数除以 9，若能除尽，就用所得商数来判断错误的一种方法。它主要用于查找数字错位或邻数颠倒产生的错账。

① 查找数字错位举例

例如，某单位某日业务终了现金日记账余额为 701 元，盘点实存现金为 341 元。账面与实际相差360元，用9除之，商数为40元，即可初步断定该40元为要查找的错误数字，即账面多记或少记的金额正好是40元的9倍，就是说可能是在增加栏（借方）把40元误记为400元，导致账面记录多记了360元。当然也可能是减少栏（贷方）应记400元，误记为40元，少记了360元，致使余额多360元。总之，查找的范围相对缩小，查找的目标基本找到了。

② 查找数码颠倒举例

例如，某单位总分类账已经平衡，但某一总分类账账户余额与其所属明细分类账账户余额不相符，总分类账账户余额为4 382元，明细分类账账户余额为4 310元，差数为72元，用9除之，商数为8，该商数就是所颠倒邻数之差，错误的数字可能是把“08”写成“80”，或把“19”写成“91”。为了查找方便，可借助于“邻数颠倒对照表”（如表3-21所示），在明细分类账上查找该相邻数字，以此来缩小查找范围。

表3-21 邻数颠倒对照表

相邻数字——大数颠倒成小数									商数	差额	相邻数字——小数颠倒成大数								
89	78	67	56	45	34	23	12	01	1	9	10	21	32	43	54	65	76	87	98
	79	68	57	46	35	24	13	02	2	18	20	31	42	53	64	75	86	97	
		69	58	47	36	25	14	03	3	27	30	41	52	63	74	85	96		
			59	48	37	26	15	04	4	36	40	51	62	73	84	95			
				49	38	27	16	05	5	45	50	61	72	83	94				
					39	28	17	06	6	54	60	71	82	93					
						29	18	07	7	63	70	81	92						
							19	08	8	72	80	91							
								09	9	81	90								

（3）“除9法”也仅适用于查找账户中出现单一性错账，若出现多笔错误数字就不太适用了。

（4）尾数法。它是指专门用来检查尾数是否发生差错的一种方法。例如错数是0.06、0.38元等，可在尾数中查找，来缩小范围，提高效率。

尾数法主要适用于查找元位以下角分的错账。

4．采用普查法检查复杂性错账

当发生错误较多，采用抽查法不适用时，可采用普查法，主要有以下两种。

（1）顺查法。它是指按照账务处理的程序，检查原始凭证、记账凭证、总分类账、明细分类账、日记账和试算平衡表的一种方法。顺查法的检查程序如下。

① 检查记账凭证与所附的原始凭证记录的各项内容是否相符、计算是否正确等。

② 将记账凭证和所附原始凭证同有关总分类账、日记账、明细分类账逐笔核对。

③ 检查试算平衡表上的数据是否抄错。

（2）逆查法。它是指按照账务处理程序的反方向，从试算表的有关数额，逐项追查总分类账、明细分类账、记账凭证和原始凭证的一种方法。逆查法的检查程序如下。

① 检查本期发生额及余额的计算是否有错。

② 逐笔核对账簿记录是否与记账凭证相符。

注意：查找错账时，对于已经查过的数字，应分别标上正确或错误的记号，并把错账的账页页码、记账日期、凭证号数、业务内容及差错情况进行详细记录，在查清错账后，及时更正错账。

二、错账的更正

记账错误一经查清，就必须按规定的方法进行更正。更正错账，既不能任意涂改，或用刮、擦、挖、补以及用褪色药水褪色后更正，也不能任意撕毁账页重新抄账，而必须按《会计基础工作规范》的相关规定，根据错账的不同情况，采用不同的方法，进行不同的处理。错账更正的方法有划线更正法、红字更正法、补充登记法和原证更正法。

（一）划线更正法

划线更正法又称“红线更正法”，是指用划红线注销原有会计记录的一种方法。它适用于结账之前、记账之后发现记账凭证正确而账簿记录中的文字或数字有错的情况。划线更正法的更正步骤如下。

1．在错误的文字或数字上划一条单红线，以示注销。划线更正错误的个别数字时，必须将错误数字全部划掉，不得只划其中错误的个别数字；对于文字错误，可只划去错误的部分。对于划掉的数字或文字，必须保持原有字迹能够辨认，以备日后查考。

2．将正确的文字或数字用蓝、黑墨水写在被划掉的文字或数字的上方，并由记账人员和会计机构负责人在更正处签章，以明确责任。划线更正法的操作示范如图 3-1 所示。

千	百	十	万	千	百	十	元	角	分
			¥	8	4	0	0	0	0
郭琴			~~¥~~	~~4~~	~~8~~	~~0~~	~~0~~	~~0~~	~~0~~

图 3-1

（二）红字更正法

红字更正法又称“红字冲账法”、“红字冲销法”，是指用红字冲销或冲减原记科目和金额，以更正和调整原有会计记录的一种方法。这种方法主要适用于以下两种情况。

1. 结账之前、记账以后，如果发现记账凭证中的会计科目有错，或同时金额也有错，致使账簿记录错误，应采用红字更正法更正。更正的步骤如下。

（1）用红字填制一张与原错误凭证完全相同的记账凭证，并用红字登记入账，以示冲销原有的错误记录，在摘要栏注明“冲销×月×日第××号错误凭证”。

（2）用蓝字填制一张正确的记账凭证，登记入账，并在摘要栏写明“补记×月×日第××号凭证”，以示更正。

2. 记账后，如果发现记账凭证中的会计科目并无错误，只是所填金额大于应填金额，并已登记入账，可以采用红字更正法更正。更正的步骤是：填制一张科目名称、方向与原凭证相同，红字金额等于多记金额的记账凭证，据以入账，将多记金额予以冲销，并在摘要栏内写明“冲销×月×日第××号记账凭证多记金额”。

（三）补充登记法

补充登记法又称“蓝字更正法”，是指用蓝字登记少记金额的一种方法。它适用于记账以后，如果发现记账凭证和账簿所记金额小于应记金额，所用会计科目并无错误的情况。更正的步骤是：填制一张科目名称、方向与原凭证相同，蓝（黑）字金额等于少记金额的记账凭证，将少记金额补记入账，并在摘要栏内写明“补记×月×日第××号凭证少记金额”。

（四）原证更正法

原证更正法是指根据原来正确的记账凭证，更正记账或结算余额错误的一种方法。当记账凭证正确、汇总凭证也正确，据此登记明细分类账时发生了差错，此后，又登记了许多笔业务，余额也随之结错，在对账时才发现。此时，不宜采用划线更正法，那样账簿上将改正许多处，出现许多红线；也不宜采用红字更正法或补充登记法，那样将影响汇总记账凭证和总分类账的记录。可行的办法是采用原证更正法，即在原来的记账凭证摘要栏内说明记账错误情况，并以原记账凭证为依据，于发现错误的当月，在该明细分类账上将差额补记一笔，使用原来记账凭证的编号，在摘要栏内说明“补记×月×日第××号凭证少记金额”。如果属于多记，差额应用红字，表示冲销。

第四章　财务会计报告

第一节　财务会计报告的构成

财务会计报告，是指企业和其他有关单位对外提供的、反映企业某一特定日期财务状况和某一会计期间经营成果、现金流量等会计信息的文件。企业的外部利益关系人（投资者、债权人、政府及其有关部门和社会公众等）了解企业的财务状况、经营成果和现金流量等方面信息的主要渠道就是企业对外提供的财务会计报告。

财务会计报告的核心内容是会计报表。《企业会计准则第 30 号——财务报表列报》规定：财务报表至少应当包括资产负债表、利润表、现金流量表、所有者权益变动表（或股东权益变动表）和附表。小企业编制的会计报表可以不包括现金流量表。

（一）资产负债表

资产负债表是反映企业在某一特定日期财务状况的报表。资产负债表应当按照资产、负债、所有者权益（或股东权益）分类分项列示。

（二）利润表

利润表是反映企业在一定会计期间经营成果的报表。利润表应当按照各收入、费用以及构成利润表的各个项目分类分项列示。

（三）现金流量表

现金流量表是反映企业一定会计期间现金和现金等价物流入和流出的报表。现金流量表应当按照经营活动、投资活动和筹资活动的现金流量分类分项列示。

（四）会计报表附注

会计报表附注是对会计报表中列示项目的文字描述或明细资料，以及对未能在这些报表中列示项目的说明等。附注的主要内容和披露顺序一般有以下几个方面。

1．财务报表的编制基础。

2．遵循企业会计准则的声明。

3．重要会计政策的说明，包括财务报表项目的计量基础和会计政策的确定依据。

4．重要会计估计的说明，包括下一会计期间内很可能导致资产、负债账面价值重大调整的会计估计的确定依据等。

5．会计政策和会计估计变更及差错更正的说明。

6．对已在资产负债表、利润表、现金流量表中列示的重要项目的进一步说明，包括终止经营税后利润的金额及其构成情况等。

7．或有事项承诺事项、资产负债表日后非调整事项、关联方关系及其交易等需要说明的事项。

第二节　财务会计报告的编报

一、前期工作

（一）财产清查

企业会计人员在编制财务报告前要清查盘点企业、单位的财产物资，并对应收、应付款项和银行存款、银行借款进行查询核对，以保证账实相符。

（二）认真对账

企业会计人员要认真核对各会计账簿与会计凭证的内容、金额等是否一致，记账方向是否相符。

（三）按期结账

企业会计人员不得为赶编会计报表而提前结账，也不得先编会计报表后结账。在结账之前，必须将本期发生的全部经济业务和转账业务都登记入账，然后在此基础上，结清各个账户的本期发生额和期末余额。

（四）检查会计制度执行情况

企业会计人员应检查相关的会计核算是否按照国家统一的会计准则和会计制度的规定执行；对于国家统一会计制度中没有统一规定核算方法的交易事项，检查是否按照会计核算的一般原则进行确认和计量以及相关账务处理是否合理；检查是否存在因会计差错、会计政策变更等原因需要调整的前期或者本期相关项目。

二、编制要求

（一）数据真实

会计报表的数字必须客观、真实，能够准确地反映企业单位的财务状况与经营成果，不应以估计数代替实际数，更不能弄虚作假，伪造报表数字。为了保证报表数字真实可靠，编制会计报表必须以核对无误的账簿记录为依据。

在会计报表编制完成之后，还应检查账簿记录与报表数字、报表与报表之间有关数字是否衔接一致，以确保会计报表数字的真实性。

（二）内容完整

会计报表必须按照统一规定的报表种类、格式和内容进行编制。对规定编制的各种会计报表，都必须编报齐全，不得漏编漏报。对于应当填列的报表指标，无论是表内项目，还是补充资料，都必须填列齐全。报表的表首应当清晰明了，要清楚地标明企业、单位的确切名称、报表的标题，以及日期或报表所辖时期。如果是合并编制的会计报表，应在标题上予以说明。

（三）说明清楚

会计报表除提供数据资料外，还应或多或少地用文字对有关数据进行说明，才能便于报表使用者正确使用报表中的数据资料。对于企业来说，编制一般用途的财务报表，应当全面地反映企业的财务状况和经营成果。某些重要资料，如果不便列入报表的主体部分，应在括号内说明，或以附注等形式加以注明。例如，所用会计准则、编报基础、会计方法或项目分类的改变及其影响的说明等。

（四）编报及时

为了便于报表使用者及时、有效地利用会计报表资料，会计报表必须按照规定的期限和程序及时编制与报送。为此，企业、单位应当科学地组织好日常会计核算工作，认真做好记账、算账、对账和按期结账等工作，按规定时间编制会计报表。

（五）指标一致

企业在会计计量、确认和处理方法的选择上贯彻一贯性原则，保持报表口径的前后一致，以便于报表使用者进行比较、分析和利用会计信息。如果确有必要改变原有的计量、确认和处理方法，则应当在报告中作充分说明。

三、编制方法

（一）资产负债表的编制方法

1. 理论依据

“资产＝负债＋所有者权益”这一会计恒等式所包含的经济内容和数学上的等量关系，

是编制资产负债表的理论依据。

2. 基本结构

一张完整的资产负债表的结构主要由三部分组成：一是表首；二是正表；三是附注及附列资料。

（1）表首，亦称表头。它有 5 个方面内容：一是编制单位名称，说明责任“法人”是谁；二是报表名称，说明报表的性质和主题；三是编报日期，说明该表反映内容的时效性，要注意是某一日期，而不是时期；四是报表编号；五是货币计量单位，如“人民币：元”或“人民币：万元”。

（2）正表，即该表的主体部分，它是该表的核心内容所在。正表的格式我国采用账户式，即分为左右两方来排列全部项目。

① 左方列示资产项目，表示某一特定日期企业所拥有的经济资源，即某一特定日期所拥有的或控制的各项资产的余额，包括流动资产和非流动资产，并按资产流动性或变现能力强弱依次有序排列。

② 右方列示负债和所有者权益项目。负债项目表示某一特定日期企业所承担的债务，包括各项流动负债和非流动负债，并按到期日期先后有序排列；所有者权益项目表示某一特定日期企业投资者拥有的净资产，包括投资者投入的资本、资本公积、盈余公积和未分配利润，并按永久性程度排列。

左方合计金额与右方合计金额保持平衡，即资产合计等于负债和所有者权益合计。这种结构直观清晰，便于对比分析。

（3）附注及附列资料，主要是补充说明有关表内项目内容。

3. 数字填列

资产负债表中“年初数”栏内的各项数字，应根据上年末资产负债表中“期末数”栏内的数字填列。如果本年度资产负债表有关项目名称、内容及数字同上年度不相一致，应对上年年末资产负债表相关项目的数字按照本年度的规定进行调整，填入资产负债表的“年初数”栏内。

由于资产负债表是反映企业某一时期期末，即特定日期的财务状况，提供某一时点的静态指标，而这种静态资料又表现为账簿中各个账户一定时期的期末余额。因此，资产负债表的“期末数”栏内的各项数字应根据该报告期账簿中各个账户的期末余额填列。一般来说，资产负债表大部分项目，可根据总分类账账户余额直接填列，但也有部分项目是根据几个总分类账账户余额计算填列，或根据明细分类账账户余额计算填列，或根据总分类账账户和明细分类账账户的余额分析计算填列。资产负债表的具体格式如表 4-1 所示。

表 4-1

资产负债表

会企 01 表

编制单位：　　　　　　　　　　年　　月　　日　　　　　　　　计量单位：元

资　产	行次	年初数	期末数	负债和所有者权益（或股东权益）	行次	年初数	期末数
流动资产：				流动负债：			
货币资金				短期借款			
交易性金融资产				交易性金融负债			
应收票据				应付票据			
应收账款				应付账款			
预付账款				预收账款			
应收利息				应付工资职工薪酬			
应收股利				应交税费			
其他应收款				应付利息			
存货				应付股利			
一年内到期的长期债权投资				其他应付款			
其他流动资产				一年内到期的非流动负债			
流动资产合计				其他流动负债			
非流动资产：				流动负债合计			
可供出售金融资产				非流动负债：			
持有至到期投资				长期借款			
长期应收款				应付债券			
长期股权投资				长期应付款			
投资性房地产				专项应付款			
固定资产原价				预计负债			
在建工程				递延所得税负债			
工程物资				其他非流动负债			
固定资产清理				非流动负债合计			
待处理固定资产净损失				负债合计			
生产性生物资产				所有者权益：			
无形资产				实收资本（或股东权益）			
研发支出				资本公积			
商誉				减：库存股			
长期待摊费用				盈余公积			
递延所得税资产				未分配利润			
其他非流动资产							
非流动资产合计				所有者权益合计			
资产总计：				负债及所有者权益总计			

补充资料			
1．已贴现的商业承兑汇票		6．资本公积：	
2．融资租入固定资产原价		其中：（1）清产核资评估增值	
3．资产平均余额		（2）投资评估增值	
4．存货成本平均余额		（3）接受捐赠资产	
5．应收账款平均余额		（4）改制评估增值	

（二）利润表

1．理论依据

“收入－费用＝利润”这一会计等式所包含的经济内容和数学上的等量关系，是编制利润表的理论依据。

2．基本结构

一张完整的利润表（或利润表）其结构主要由两部分组成：一是表首；二是正表。

（1）表首，也称表头，与资产负债表一样，同样是由编制单位名称、报表名称、编制时间、报表编号和货币计量单位五部分组成。其中，编制时间很重要，是指一定会计期间，是时期概念而不是时点概念，这一点与资产负债表不同，它充分反映了该表反映内容的动态特征。

（2）正表，即主体部分或称基本部分，它是该表的核心内容所在。主体部分的格式我国采用多步式，即按利润的构成因素和形成过程，逐步计算其金额。这种结构步骤分明，便于具体分析。

3．数字填列

由于利润表（或利润表）是反映企业某一时期的收入、费用及其最终财务成果，即特定时期的损益情况，提供某一时期的动态指标，而这种动态资料又表现为账簿中各个损益类账户一定时期的实际发生额。因此，利润表中“本月数”栏内的各项数字应根据该报告期账簿中各个损益类账户的本期实际发生额填列，“本年累计数”栏反映各项目自年初起至报告期末止的累计实际发生额，应根据本期数加上上个月利润表中的本年累计数之和填列。

在编制年度利润表时，应将“本月数”、“本年累计数”分别改为“本年金额”和“上年金额”。利润表的具体格式如表4-2所示。

表4-2

利　润　表

会企02表

编制单位：　　　　　　　　　　年　　月　　　　　　　　　　计量单位：元

项　目	行次	本月数	本年累计数
一、营业收入	1		
减：营业成本	7		
营业税金及附加	8		
销售费用	9		

（续表）

项　　目	行次	本月数	本年累计数
管理费用	10		
财务费用	11		
资产减值损失	12		
加：公允价值变动损益（损失以“－”填列）	14		
投资收益（损失以“－”填列）	15		
其中：对联营企业和合营企业的投资收益	16		
二、营业利润（损失以“－”填列）	17		
加：营业外收入	18		
减：营业外支出	19		
其中：非流动资产处置损失	20		
三、利润总额（损失总额以“－”填列）	21		
减：所得税费用	22		
四、净利润（净亏损以“－”填列）	23		
五、每股收益	24		
（一）基本每股收益	25		
（二）稀释每股收益	26		

四、财务会计报告的报送

企业对外提供的财务会计报告所反映的会计信息应当真实、完整。任何组织或个人不得授意、指使、强令企业编制和对外提供虚假或者隐瞒重要事实的会计报告。

企业依照《企业财务会计报告条例》的规定向有关各方提供的财务会计报告，其编制基础、编制依据、编制原则和方法应当一致，不得提供编制基础、编制依据、编制原则和方法不同的财务会计报告。

企业应当依照法律、行政法规和国家统一的会计制度有关提供财务会计报告期限的规定，及时对外提供财务会计报告。具体为：月度中期财务会计报告应当于月度终了后 6 天内对外提供；季度中期财务会计报告应当于季度终了后 15 天内对外提供；半年度中期财务会计报告应当于半年度终了后 60 天内对外提供；年度财务会计报告应当于年度终了后 4 个月内对外提供。

企业单位的会计报告编制完毕后，应当由本单位会计主管人员和企业领导人进行复核，会计报表经复核无误后，依次编定页码，加具封面，并装订成册，加盖公章。封面上应注明：企业名称、企业统一代码、组织形式、地址、主管部门、报表所属年度、季度和月份、规定报送日期和送出日期等。企业会计报表必须由单位负责人和主管会计工作的负责人、会计机构负责人（会计主管人员）签名并盖章；设置总会计师的单位还必须由总会计师签名并盖章。

财务会计报告须经注册会计师审计的，如外商投资企业，股份有限公司等，企业应当将注册会计师及其会计师事务所出具的审计报告随同财务会计报告一并对外提供。

第二篇

基础会计模拟实训

第五章 基础书写训练

第一节 阿拉伯数字的书写训练

（一）训练目的

通过训练，使学生熟练掌握阿拉伯数字的规范写法，做到书写规范、清晰和流畅。

（二）训练资料

1										2										3										4									
千	百	十	万	千	百	十	元	角	分	千	百	十	万	千	百	十	元	角	分	千	百	十	万	千	百	十	元	角	分	千	百	十	万	千	百	十	元	角	分
1	2	3	4	5	6	7	8	9	0	1	2	3	4	5	6	7	8	9	0	1	2	3	4	5	6	7	8	9	0	1	2	3	4	5	6	7	8	9	0

（三）训练要求

对照资料中的阿拉伯数字，按照书写规范进行书写练习，直至书写规范、流畅，指导教师认可。练习时可在书本提供的练习纸上进行练习，也可用“会计数字练习用纸”，还可用空白账页进行书写。

（四）训练安排

1．本次训练由一人独立完成。

2．训练时间约 15 分钟。

第二节　汉字大写数字的书写训练

（一）训练目的

通过训练，使学生熟练掌握汉字大写数字的规范写法，做到书写规范、清晰和流畅。

（二）训练资料

零	壹	贰	叁	肆	伍	陆	柒	捌	玖	拾	佰	仟	万	亿	元	角	分	整

（三）训练要求

对照资料中的汉字大写数字，按照书写规范进行书写练习，直至书写规范、流畅，指导教师认可。练习时可用在书本提供的练习纸上进行练习，也可用“会计数字练习用纸”。

（四）训练安排

1．本次训练由一人独立完成。

2．训练时间约 15 分钟。

第三节　大小写金额的书写训练

（一）训练目的

通过训练，使学生熟练掌握大小写金额的规范写法，做到书写规范、清晰和流畅。

（二）训练资料及要求

1．将下列中文大写金额转换成阿拉伯数字形式的小写金额。

（1）人民币贰仟捌佰元零陆角叁分　　应写成＿＿＿＿＿＿

（2）人民币捌佰伍拾贰元叁角（整）　　应写成＿＿＿＿＿＿

（3）人民币柒拾肆元壹角陆分　　应写成＿＿＿＿＿＿

（4）人民币贰万零陆元（整）　　应写成＿＿＿＿＿＿

（5）人民币玖佰贰拾叁万零陆佰柒拾肆元壹角伍分　　应写成＿＿＿＿＿＿

2．将下列阿拉伯数字形式的小写金额转换成中文大写金额。

（1）¥1 835.60　　应写成＿＿＿＿＿＿＿＿＿＿＿＿

（2）¥30 047.26　　应写成＿＿＿＿＿＿＿＿＿＿＿＿

（3）¥7 835 920.34　　应写成＿＿＿＿＿＿＿＿＿＿＿＿

（4）¥293 581.08　　应写成＿＿＿＿＿＿＿＿＿＿＿＿

（5）¥6 795.00　　应写成＿＿＿＿＿＿＿＿＿＿＿＿

（三）训练安排

1．本次训练由一人独立完成。

2．训练时间约 15 分钟。

第六章　原始凭证的填制与审核训练

第一节　原始凭证的填制训练

（一）训练目的

通过训练，使学生了解并掌握原始凭证的基本内容、常用原始凭证的填制方法及填制要求。

（二）训练资料

企业名称：张家港市宝利实业有限公司（增值税一般纳税人）

地　　址：张家港市人民路 231 号

电　　话：58182992

开 户 行：建设银行沙洲西路支行

账　　号：06635698

纳税人登记号：320582150157868

法人代表：刘观正　　会计人员：郭琴　　出纳员：许敏　　会计主管：吴彩

业务主管（审核）：王卫平　　材料采购员：陈娟　　材料采购负责人：陈伟

车间主任：王民　　仓库管理员：陆江红　　开票员：许敏

张家港市宝利实业有限公司 2008 年 6 月发生的经济业务如下。

1．6 月 1 日，开出现金支票从银行提取 2 000 元现金备用。

2．6 月 1 日，销售科职工刘晓晓赴福州开商品展销会，经批准向财务科借差旅费 2 000 元，财务人员审核无误后付现金。

3．6 月 2 日，出纳员将当天的销售款 85 600 元现金存入银行（其中面额 100 元的 700 张，面额 50 元的 300 张，面额 10 元的 60 张）。

4．6 月 6 日，开出转账支票 50 000 元，预付宏利工厂货款。

5．6 月 8 日，向本市福前纺织厂购进棉布 100 匹，单价每匹 3 000 元，增值税 51 000 元，开出转账支票付款，材料验收入库。

6．6 月 9 日，刘晓晓开会回来报销差旅费 1 850，退回现金 150 元，由出纳开出收据一张。

7．6 月 10 日，向个人李明销售男套装 5 套，每套 800 元（含增值税），销售男式衬衣

100 件，每件 50 元（含增值税），收到现金并开出普通发票。

8．6 月 12 日，向张家港市第一商场销售成衣，其中男套装 50 套，每套 700 元，裙装 30 套，每套 600 元（不含增值税），开出增值税专用发票，收到对方的转账支票，当日填写银行进账单送存银行。

9．6 月 23 日开出转账支票 54 000 元，归还前欠东方针织厂购货款。

（三）训练要求

根据训练资料中所列经济业务，按照原始凭证的填制要求，填制表 6-1 至表 6-12 的各种原始凭证。

表 6-1

中国建设银行（苏） 现金支票存根 No. 33306451	中国建设银行　现金支票（苏）　No. 33306451
附加信息 出票日期　年　月　日 收款人： 金　额： 用　途： 单位主管：　会计：	出票日期（大写）　年　月　日　付款行名称： 收款人：　出票人账号： 本支票付款期限十天 人民币（大写）　百 十 万 千 百 十 元 角 分 用途 上列款项请从 我账户内支付 出票人签章　复核　记账

表 6-2

暂　支　单

年　月　日

部　门		借款事由			
借款金额	金额（人民币大写）　（小写）¥				
批准金额	金额（人民币大写）　（小写）¥				
领导		财务主管		借款人	

表 6-3

<table>
<tr><td colspan="23">中国建设银行 现金解款单</td></tr>
<tr><td colspan="23">年 月 日 序号：</td></tr>
<tr><td>收款人户名</td><td colspan="5"></td><td colspan="6">收款人开户银行</td><td colspan="11"></td></tr>
<tr><td>收款人账号</td><td colspan="5"></td><td colspan="3">缴款人</td><td colspan="3"></td><td colspan="4">款项来源</td><td colspan="7"></td></tr>
<tr><td rowspan="2">大写
金额</td><td rowspan="2" colspan="11"></td><td>亿</td><td>千</td><td>百</td><td>十</td><td>万</td><td>千</td><td>百</td><td>十</td><td>元</td><td>角</td><td>分</td></tr>
<tr><td></td><td></td><td></td><td></td><td></td><td></td><td></td><td></td><td></td><td></td><td></td></tr>
<tr><td>券别</td><td></td><td></td><td></td><td></td><td></td><td></td><td></td><td></td><td></td><td></td><td>合计金额</td><td colspan="11" rowspan="3">银行填写部分：
日期： 日志号：
金额： 终端号：
交易码： 主管：
币种： 柜员：</td></tr>
<tr><td>整把券</td><td></td><td></td><td></td><td></td><td></td><td></td><td></td><td></td><td></td><td></td><td></td></tr>
<tr><td>零张券</td><td></td><td></td><td></td><td></td><td></td><td></td><td></td><td></td><td></td><td></td><td></td></tr>
</table>

表 6-4

<table>
<tr><td rowspan="6">中国建设银行（苏）
转账支票存根
No. 33888991
附加信息

出票日期 年 月 日
收款人：
金 额：
用 途：
单位主管： 会计：</td><td colspan="11">中国建设银行 转账支票（苏） No. 33888991</td></tr>
<tr><td colspan="11">出票日期（大写） 年 月 日 付款行名称：
收款人： 出票人账号：</td></tr>
<tr><td rowspan="4">本支票付款期限十天</td><td rowspan="2">人民币
（大写）</td><td>百</td><td>十</td><td>万</td><td>千</td><td>百</td><td>十</td><td>元</td><td>角</td><td>分</td></tr>
<tr><td></td><td></td><td></td><td></td><td></td><td></td><td></td><td></td><td></td></tr>
<tr><td colspan="10">用途
上列款项请从
我账户内支付
出票人签章 复核 记账</td></tr>
</table>

表 6-5

材料入库单

供应单位：

发票号：00111078　　　　年　　月　　日　　　　No. 00756392

材料类别	材料名称	规格材质	计量单位	应收数量	实收数量	单价	金额									
							千	百	十	万	千	百	十	元	角	分
			运杂费													
			合　计													
备注																

第二联：记账联

仓库：　　　　会计：　　　　收料：　　　　制单：

表 6-6

中国建设银行（苏）
转账支票存根
No.33888995

附加信息

出票日期　年　月　日

收款人：
金　额：
用　途：

单位主管：　　会计：

中国建设银行 转账支票（苏）　　No. 33888995

出票日期（大写）　　年　　月　　日　付款行名称：

收款人：　　　　出票人账号：

本支票付款期限十天

人民币（大写）	百	十	万	千	百	十	元	角	分

用途

上列款项请从

我账户内支付

出票人签章　　　　复核　　　　记账

表 6-7

统一收款收据（三联单）

2008 年 6 月 9 日　　No. 00154726

交款单位或交款人		收款方式	
事由______ 金额（人民币大写）______　（小写）______			备注：

说明：不得作行政事业性收费收据使用

收款单位：（盖章）　　收款人：

表 6-8

差旅费报销单

部门：销售科　　2008 年 6 月 9 日

姓名	刘晓晓			出差事由			部门开会		出差日期	自 2008 年 6 月 6 日至 2008 年 6 月 9 日共 4 天					
起讫时间及地点						车船票		夜间乘车补助费			出差乘补费			住宿费	其他	
月	日	起	月	日	讫	类别	金额	时间	标准	金额	日数	标准	金额	金额	摘要	金额
6	6	本市	6	6	福州	汽车	385									
6	9	福州	6	9	本市	汽车	385				4	45	180	900		
小计							770						180	900		
总计金额（人民币大写）																
预支：			核销：				退补：									

附单据共 7 张

单位领导：刘观正　　财务主管：吴彩　　审核：王卫平　　填报人：刘晓晓

表 6-9

江苏省商品销售统一发票

江苏 国家税务总局监制

发　票　联

No. 20060601

购货单位：　　　　　　　　　　　年　　月　　日

品名及规格	单　位	数　量	单　价	金额							备　注
				万	千	百	十	元	角	分	
合　计											
合计金额（人民币大写）　万　仟　佰　拾　元　角　分　　（小写）											

张家港市宝利实业有限公司 320582150157868 发票专用章

第二联：发票联

开票人：　　　　　　　　收款人：　　　　　　　　单位名称：（盖章）

表 6-10

江苏增值税专用发票

江苏 国家税务总局监制

发　票　联

No. 80060601

开票日期：　年　月　日

购货单位	名　称：张家港市第一商场 纳税人识别号：320582155005657 地址、电话：张家港市沙洲路 231 号 2011456 开户行及账号：工商银行苏州市分行 770186588	密码区	6+-〈2〉6〉927+296+/* 446〈600375〈35〉〈4/* 2-2〈2051+24+2618〈7 /3-15〉〉09/5/-1〉〉〉+2	加密版本：01 37009931410 0445

货物或应税劳务名称	规格型号	单　位	数　量	单　价	金　额	税　率	税　额
合　计							
价税合计（人民币大写）　（小写）							

销货单位	名　称：张家港市宝利实业有限公司 纳税人识别号：320582150157868 地址、电话：张家港市人民路 231 号 58182992 开户行及账号：建设银行沙洲西路支行 06635698	备注	张家港市宝利实业有限公司 320582150157868 发票专用章

第二联：发票联　购货方记账凭证

收款人：　　　　复核：　　　　开票人：　　　　销货单位：（盖章）

表 6-11

中国建设银行 进账单（收账通知）

年　月　日　　　　　　　　　　　第　号

出票人	全　称		收款人	全　称	
	账　号			账　号	
	开户银行			开户银行	

金额	人民币（大写）	千	百	十	万	千	百	十	元	角	分

票据种类		票据张数		
票据号码				
复核：　记账：				收款人开户行签章

此联是收款人开户行交给收款人收账通知

表 6-12

中国建设银行（苏） 转账支票存根 No.33889990 附加信息 出票日期　年　月　日 收款人： 金　额： 用　途： 单位主管：　会计：	**中国建设银行 转账支票**（苏）　No. 33889990 出票日期（大写）　年　月　日　付款行名称： 收款人：　出票人账号： 人民币（大写）　百 十 万 千 百 十 元 角 分 用途 上列款项请从 我账户内支付 出票人签章　复核　记账

本支票付款期限十天

（四）训练安排

1．本次训练由一人独立完成。

2．训练时间约 45 分钟。

第二节　原始凭证的审核训练

（一）训练目的

通过训练，使学生了解并掌握原始凭证的基本内容、常用原始凭证的填制方法及审核内容、步骤及方法。同时，了解原始凭证的种类及传递程序。

（二）训练资料

1. 2008 年 4 月 3 日，采购员陈娟赴北京采购材料，填写一份暂支单（如表 6-13 所示），并经主管领导批准。

表 6-13

<u>暂　支　单</u>

2008 年 4 月 3 日

部　　门	供应科			借款事由：参加订货会
借款金额（人民币大写）贰仟元整				（小写）￥2 000.00
批准金额（人民币大写）贰仟元整				（小写）￥2 000.00
主管领导	陈伟	财务主管	吴彩	借款人

2. 2008 年 4 月 8 日，加工车间王民生产锁具，要领用圆钢 4 000 千克，计划单价 4 元，领用角钢 3 000 千克，计划单价 5 元，填写领料单，如表 6-14 所示（工作单号 1220，工作项目：车工）。

3．2008 年 4 月 9 日，销售 CG-1 产品 500 件，单价 200 元；销售 HG-2 产品 500 件，单价 100 元，开出增值税专用发票一份（如表 6-15 所示），并将有关单据交与苏州明珠有限公司，同时收到苏州明珠签发的转账支票一张（如表 6-16 所示），尚未送存银行。

4．4 月 10 日，签发现金支票一张（如表 6-17 所示），金额为 38 566.30 元，从银行提取现金备发工资。

表 6-14

宝利实业有限公司领料单

领料部门： 2008 年 4 月 8 日 No. 00341298

材料 规格及名称	单位	数量 请领	数量 实发	计划单价	金额	过账
圆钢	千克	4 000	4 000	4.00	16 000.00	
角钢	千克	3 000	3 000	5.00	15 000.00	
工作单号	1220	用途				
工作项目						

仓库负责人： 记账： 发料：陆江红 领料：

表 6-15

江苏增值税专用发票

江苏 国家税务总局监制

发票联

No. 80060601

开票日期： 年 月 日

购货单位	名称：苏州明珠有限公司 纳税人识别号：3208662346633898 地址、电话：苏州市解幸福路 16 号 6230355 开户行及账号：工商银行红旗路支行 8040-4129	密码区	6+-〈2〉6〉927+297+/* 436〈600375〈35〉〈4/* 2-2〈2051+24+2618〈7 /3-15〉〉09/5/-1〉〉〉+1	加密版本：01 37009931410 07050486			
货物或应税劳务名称	规格型号	单位	数量	单价	金额	税率	税额
A 产品	CG-1	件	500	200.00	100 000.00	17%	17 000.00
B 产品	HG-2	件	100	500.00	50 000.00		8 500.00
合计					¥150 000.00		¥25 500.00
价税合计（人民币大写）	⊗拾柒万伍仟伍佰元				（小写）¥175 500.00		
销货单位	名称：张家港市宝利实业有限公司 纳税人识别号：320582150157868 地址、电话：张家港市人民路 231 号 58182992 开户行及账号：建设银行沙洲西路支行 06635698	备注	张家港市宝利实业有限公司 320582150157868 发票专用章				

第二联：发票联 购货方记账凭证

收款人： 复核： 开票人：许敏 销货单位：（盖章）

表 6-16

中国工商银行 转账支票（苏） No. 33889890

出票日期（大写）贰零零捌 年 肆 月 玖 日　付款行名称：工商银行红旗路支行

收款人：张家港市宝利实业有限公司　出票人账号：8040-4129

本支票付款期限十天

人民币（大写）	百	十	万	千	百	十	元	角	分
拾柒万伍仟伍佰元	¥	1	7	5	5	0	0	0	0

用途 购货款

上列款项请从

我账户内支付

出票人签章　复核　记账

表 6-17

中国建设银行（苏）

转账支票存根

No.33883290

附加信息

出票日期 2008 年 4 月 10 日

收款人：	
金　额：	¥386 566.30
用　途：	发工资

单位主管：　会计：

中国建设银行 现金支票（苏） No. 33883290

出票日期（大写）贰零零捌年肆月壹拾日　付款行名称：建行沙洲西路支行

收款人：张家港市宝利实业有限公司　出票人账号：06635698

本支票付款期限十天

人民币（大写）	百	十	万	千	百	十	元	角	分
叁万捌仟伍佰陆拾陆元叁角整		¥	3	8	5	6	6	3	0

用途 发工资

上列款项请从

我账户内支付

出票人签章　复核　记账

5．4 月 18 日，办公室职员张明拿来发票一张（如表 6-18 所示），报销购买的笔记本、钢笔等办公用品费用。

表 6-18

江苏省商品销售统一发票

江苏 国家税务局监制

发 票 联

No. 43768921

购货单位：张家港市宝利实业有限公司 2008 年 4 月 18 日

品名及规格	单位	数量	单价	金额							备注
				万	千	百	十	元	角	分	
笔记本	本	20	6.00			1	2	0	0	0	
钢 笔	支	12	14.80			1	6	5	6	0	
合 计					¥	2	8	5	6	0	
合计金额（人民币大写）⊗贰佰捌拾伍元陆角零分				（小写）¥285.60							

第二联：发票联

张家港市长征文具有限公司 320582727076817 发票专用章

开票人：刘静　　收款人：王丽鹃　　单位名称：（盖章）

（三）训练要求

审核训练资料中所列经济业务的原始凭证（每一原始凭证中，至少有一处或多处错误或不完整）。

（四）训练安排

1．本次训练由一人独立完成。

2．训练时间约 30 分钟。

第七章　记账凭证的填制与审核训练

第一节　筹资与供应业务的记账凭证填制与审核训练

（一）训练目的

通过训练，使学生掌握筹资与供应过程发生的主要经济业务应填制的记账凭证，并在此基础上掌握记账凭证审核的内容和方法。

（二）训练资料

企业名称：张家港市宝利实业有限公司（增值税一般纳税人）

地　　址：张家港市人民路 231 号

电　　话：58182992

开 户 行：建设银行沙洲西路支行

账　　号：06635698

纳税人登记号：320582150157868

会计人员：郭琴　　出纳员：许敏　　开票员：许敏　　会计主管：吴彩

业务主管（审核）：王卫平　　材料采购员：陈娟　　材料采购负责人：陈伟

车间主任：王民　　仓库管理员：陆江红

张家港市宝利实业有限公司 2008 年 3 月份发生以下经济业务。

1．3 月 1 日，出纳员从银行提取现金 2 000 元，填写现金支票一张，支票存根如表 7-1 所示。

2．3 月 2 日，采购员钱平填写暂支单（如表 7-2 所示），预借差旅费 2 500 元，经有关人员签字同意，以现金支付。

3．3 月 3 日，办公室用现金购买办公用品 480 元，交来发票一张，如表 7-3 所示。

4．3 月 5 日，向长兴钢铁公司购进方钢胚 15 吨，每吨 4 000 元，增值税进项税 10 200 元，取得增值税专用发票一份（如表 7-4 所示），开出转账支票付款，留存根（如表 7-5 所示）。所购方钢已验收入库，填写材料入库单，如表 7-6 所示。

5．3 月 6 日，李丽报销差旅费 970 元，填写差旅费报销单（如表 7-7 所示），上月借款 1 000 元，退回现金 30 元，出纳员开具收款收据一张，如表 7-8 所示。

6．3 月 8 日，向明旺机械厂购买车床一台，买价 70 000 元，取得发票一张（如表 7-9

所示）；支付顺通运输公司运杂费 3 000 元，取得货运专用发票一张（如表 7-10 所示），分别开出转账支票支付货款及运杂费，并留存根，如表 7-11 和表 7-12 所示。

7．3 月 12 日，从上同钢铁厂购入生铁，取得发票一张（如表 7-13 所示），款项已汇出，取得信汇凭证一张（如表 7-14 所示），所购钢铁尚未到达。

8．12 月 13 日，从上同钢铁厂购入生铁运到，如数验收入库，填写材料入库单，如表 7-15 所示。

9．3 月 15 日，收到达利公司投入企业资金 100 000 元的转账支票，已填写进账单连同支票一并送存银行，取得银行收账通知（如表 7-16 所示），并开具收款收据一张（如表 7-17 所示）。

10．3 月 18 日，向工商银行借入期限为 6 个月的借款 200 000 元，有关单据如表 7-18 所示。

11．3 月 20 日，签发转账支票偿还前欠大鹏公司货款 18 000 元，另外收回三明有限公司所欠货款现金 10 000 元，有关单据如表 7-19、表 7-20 所示。

12．3 月 22 日，通过银行向大鹏公司信汇预付货款 20 000 元，取得信汇凭证一张，如表 7-21 所示。

13．3 月 25 日，向长兴钢铁公司购进方钢 10 吨，每吨 4 000 元，购进生铁 20 吨，每吨 3 000 元，计价款 100 000 元，增值税 17 000 元，开出商业汇票，材料验收入库。有关单据如表 7-22、表 7-23、表 7-24、表 7-25 所示。

表 7-1

中国建设银行（苏）

现金支票存根

No. 33241698

附加信息

出票日期 2008 年 3 月 1 日

收款人：	市宝利实业公司
金　额：	¥2 000.00
用　途：	备用

单位主管：　　会计：许敏

表 7-2

暂　支　单

2008 年 3 月 2 日

部　　门	供应科		借款事由		采购材料
借款金额	金额（大写）人民币贰仟伍佰元整　　（小写）¥2 500.00				
批准金额	金额（大写）人民币贰仟伍佰元整　　（小写）¥2 500.00				
领　　导	刘观正	财务主管	吴彩	借款人	钱平

表 7-3

江苏省商品销售统一发票

发　票　联

No. 44820391

购货单位：张家港市宝利实业有限公司　　2008 年 3 月 3 日

品名及规格	单　位	数　量	单　价	金额 万	千	百	十	元	角	分
笔记本	本	100	3.00			3	0	0	0	0
墨　水	瓶	40	4.5			1	8	0	0	0
合　计					¥	4	8	0	0	0
合计金额（人民币大写）⊗肆佰捌拾元整				（小写）¥480.00						

第二联：发票联

开票人：刘霞　　　　收款人：张丽　　　　单位名称：（盖章）

表 7-4

江苏增值税专用发票

江苏 国家税务总局监制

No. 34610347

发 票 联

开票日期：2008 年 3 月 6 日

购货单位	名 称：张家港市宝利实业有限公司 纳税人识别号：320582150157868 地 址、电 话：张家港市人民路 231 号 开户行及账号：建设银行沙洲西路支行 06635698	密码区	3+-〈1〉5〉361+484+/ * 加密版本：01 31296〈810293〈65〉〈3/ * 87119471410 2-2〈2051+24+2619〈7 07050745 /3-15〉〉09/5/-1〉〉〉+3

货物应税劳务名称	规格型号	单位	数 量	单价	金 额	税率	税 额
钢 胚		吨	15	4 000	60 000.00	17%	10 200.00
合 计					¥60 000.00		¥10 200.00
价税合计（大写）	⊗柒万零两佰元整				（小写）¥70 200.00		

销货单位	名 称：长兴钢铁有限公司 纳税人识别号：320582138613441 地 址、电 话：南丰镇西街 16 号 开户行及账号：农业银行南丰支行 56010112364	备注	长兴钢铁有限公司 320582138613441 发票专用章

收款人： 复核： 开票人：林强 销货单位：（盖章）

第二联：发票联 购货方记账凭证

表 7-5

中国建设银行（苏）

转账支票存根

No. 43141361

附加信息

出票日期 2008 年 3 月 5 日

收款人：	长兴钢铁公司
金 额：	¥70 200.00
用 途：	购料

单位主管： 会计：许敏

表 7-6

材料入库单

供应单位：长兴钢铁公司

发票号：34610347　　2008 年 3 月 5 日　　No. 000141

材料类别	材料名称	规格材质	计量单位	应收数量	实收数量	单价	金额							
							十	万	千	百	十	元	角	分
	钢胚		吨	15	15	4 000		6	0	0	0	0	0	0
检验结果：		检验员签章：		运杂费										
				合计			¥	6	0	0	0	0	0	0
备注														

第三联：会计

仓库：陆江红　　材料会计：　　收料员：陆江红　　制单：

表 7-7

差旅费报销单

部门：供应科　　2008 年 3 月 6 日

姓名		李丽			出差事由		洽谈业务			出差日期	自 2008 年 2 月 25 日至 2008 年 3 月 1 日共 5 天					
起讫时间及地点						车船票		夜间乘车补助费			出差乘补费			住宿费	其他	
月	日	起	月	日	讫	类别	金额	时间	标准	金额	日数	标准	金额	金额	摘要	金额
2	25	张家港	2	25	上海		60				5	50	250	600		
3	1	上海	3	1	张家港		60									
小计							120				5	50	250	600		
总计金额（人民币大写）玖佰柒拾元整																
预支：1 000.00						核销：970.00				退补：30.00						

附单据共 3 张

单位领导：刘观正　　财务主管：吴彩　　审核：王卫平　　填报人：李丽

表 7-8

统一收款收据（三联单）

2008 年 3 月 6 日　　　　　　　　　　　　No. 000132

交款单位或交款人	李丽	收款方式	现金
事　由　报销差旅费、交回余款 人民币（大写）叁拾元整　（小写）￥30.00			备注： 核销 970 元 现金 30 元

张家港市宝利实业有限公司 现金收讫章

收款单位：（盖章）　　　　收款人：许敏

说明：不得作行政事业性收费收据使用

表 7-9

张家港市工业企业发票

江苏 发票联

No. 32324074

客户名称：张家港市宝利实业有限公司　　　　2008 年 3 月 8 日

品名及项目	规格	单位	数量	单价	金额 十	万	千	百	十	元	角	分	备　注
车　床		台	1	70 000.00		7	0	0	0	0	0	0	
合　计					￥	7	0	0	0	0	0	0	
人民币（大写）⊗柒万元整					（小写）￥70 000.00								

张家港市明旺机械厂 320582726043153 发票专用章

开票人：厉芳　　　　收款人：厉芳　　　　单位名称：（盖章）

第二联：发票联

表 7-10

江苏公路货运专用发票　　（乙）

发票联

No. 7723091

发货单位：明旺机械厂　　地址：张家港三星镇　　电话：58536471　　2008 年 3 月 8 日

卸货地点	人民路 231 号	收货单位	宝利实业有限公司	地址	人民路	电话	58182992

货物名称	包装	件数	实际重量	计费运输量		货物等级	计费里程	运费率	运费金额	其他费用		运杂费小计
				吨	吨公里					费目	金额	
车床		1							2 500	装卸费	500	3 000
运杂费合计	（人民币大写）⊗叁仟元整　　（小写）￥3 000.00											
备注												

第二联：发票联

张家港市顺通运输公司 320582737076815 发票专用章

开票人：　　收款人：蒋良　　单位名称：（盖章）

表 7-11

中国建设银行（苏）

转账支票存根

No. 43141362

附加信息

出票日期 2008 年 3 月 8 日

收款人：顺通运输公司
金　额：￥3 000.00
用　途：付运杂费

单位主管：　　会计：许敏

表 7-12

中国建设银行（苏）
转账支票存根
No. 43141363
附加信息

出票日期 2008 年 3 月 8 日

收款人：	明旺机械厂
金　额：	￥70 000.00
用　途：	付设备款

单位主管：　　会计：许敏

表 7-13

上海增值税专用发票　　（乙）

发　票　联

No. 25178305

开票日期：2008 年 3 月 12 日

购货单位	名　　称：张家港市宝利实业有限公司 纳税人识别号：320582150157868 地 址、电 话：张家港市人民路 231 号 开户行及账号：建设银行沙洲西路支行 06635698			密码区	7+-〈1〉5〉26+429+/ * 296〈810293〈65〉〈3/ * 2-2〈2051+24+2618〈7 /3-15〉〉09/5/-1〉〉〉+1		加密版本：01 87119471410 07050447
货物或应税劳务名称	规格型号	单　位	数　量	单　价	金　额	税　率	税　额
生　铁		吨	20	3 500	70 000.00	17%	11 900.00
合　计					￥70 000.00		￥11 900.00
价税合计（大写）	⊗捌万壹仟玖佰元整				（小写）￥81 900.00		
销货单位	名　　称：上海市上同钢铁厂 纳税人识别号：310108637862638 地 址、电 话：上海市普陀区 开户行及账号：农业银行普陀区福州路支行 460100170012261			备注	上海市上同钢铁厂 310108637862638 发票专用章		

收款人：　　　　复核：　　　　开票人：季平　　　　销货单位：（章）

第二联：发票联　购货方记账凭证

表 7-14

中国建设银行 信汇凭证（回单）　1

委托日期 2008 年 3 月 12 日

汇款人	全　称	市宝利实业有限公司	收款人	全　称	上同钢铁厂
	账　号	06635698		账　号	460100170012261
	汇出地点	江苏省 张家港市		汇入地点	上海市普陀区
汇出行名称		建设银行沙洲西路支行	汇入行名称		农业银行普陀区福州路支行

金额	亿	千	百	十	万	千	百	十	元	角	分
人民币（大写）⊗捌万壹仟玖佰元整				¥	8	1	9	0	0	0	0

中国建设银行 张家港市支行 2008.03.12 转讫 (1) 汇出行签章	支付密码 附加信息及用途： 购买材料

此联是汇出行给汇款人的回单

表 7-15

材料入库单

No. 000142

供应单位：上同钢铁厂　　2008 年 3 月 13 日　　发票号：25178305

材料类别	材料名称	规格材质	计量单位	数量	实收数量	单位成本	金额 十	万	千	百	十	元	角	分
	生铁		吨	20	20	3 500		7	0	0	0	0	0	0
检验结果：	检验员签章：		运杂费											
			合　计				¥	7	0	0	0	0	0	0
备注														

第三联：会计

仓库：　　材料会计：　　收料员：陆江红

表 7-16

中国建设银行 进账单（收账通知） 3

2008 年 3 月 15 日

出票人	全称	达利公司	收款人	全称	张家港市宝利实业有限公司
	账号	4467891		账号	06635698
	开户银行	工行南大街支行		开户银行	建设银行沙洲西路支行

		亿	千	百	十	万	千	百	十	元	角	分
金额	人民币（大写）⊗壹拾万元整			¥	1	0	0	0	0	0	0	0

票据种类	转账支票	票据张数	1
票据号码			

复核： 记账：

中国建设银行 张家港市支行 2008.03.15 转讫 (1)

收款人开户银行签章

此联是收款人开户银行交给收款人的收账通知

表 7-17

统一收款收据（三联单）

2008 年 3 月 15 日 No. 000133

交款单位或交款人	达利公司	收款方式	转账支票
事由 投资款 人民币（大写）壹拾万元整 （小写）¥100 000.00		备注： 投资期 15 年	

张家港市宝利实业有限公司 现金收讫章

收款单位：（盖章） 收款人：李平

说明：不得作行政事业收费性收据使用

表 7-18

中国建设银行 借款凭证（代回单）

2008 年 3 月 18 日

借款单位名称		张家港市宝利实业有限公司	放款账号：6-18	往来账号：06635698		
借款金额		人民币（大写）⊗贰拾万元整		（小写）¥200 000.00		
种类	生产周转借款	单位提出期限	自 2008 年 3 月 18 日至 2008 年 9 月 18 日止		利率	8%
		银行核定期限	自 2008 年 3 月 18 日至 2008 年 9 月 18 日止			
上列借款已收入你单位往来户内 单位（银行签章）			单位会计分类			

第四联：交借款单位

表 7-19

中国建设银行（苏）

转账支票存根

No. 43141364

附加信息

出票日期 2008 年 3 月 20 日

收款人：	大鹏公司
金　额：	¥18 000.00
用　途：	偿还货款

单位主管：　　会计：许敏

表 7-20

统一收款收据（三联单）

2008 年 3 月 20 日　　　　No. 000134

交款单位或交款人	三明有限公司	收款方式	现金
事由 收回所欠货款			备注：
人民币（大写）壹万元整　（小写）¥10 000.00			
张家港市宝利实业有限公司 现金收讫章			

收款单位：（盖章）　　　　收款人：许敏

说明：不得作行政事业性收费收据使用

表 7-21

中国建设银行 信汇凭证（回单）　3

委托日期 2008 年 3 月 22 日

汇款人	全称	张家港市宝利实业有限公司	收款人	全称	大鹏公司
	账号	06635698		账号	36303102538986
	汇出地点	江苏省 张家港市		汇入地点	江苏省 连云港市
汇出行名称		建设银行沙洲西路支行	汇入行名称		农业银行连兴分行
金额	人民币（大写）	⊗贰万元整			亿 千 百 十 万 千 百 十 元 角 分 ¥ 2 0 0 0 0 0 0
汇出行签章（中国建设银行 张家港市支行 2008.0322 转讫 (1)）			支付密码		
			附加信息及用途：预付货款		

此联是汇出行给汇款人的回单

表 7-22

材 料 入 库 单

No. 000143

供应单位：长兴钢铁公司　　　　2008 年 3 月 25 日　　　　发票号：

材料类别	材料名称	规格材质	计量单位	数量	实收数量	单位成本	金额 百	十	万	千	百	十	元	角	分
	生铁		吨	20	20	3 000			6	0	0	0	0	0	0
	方钢		吨	10	10	4 000			4	0	0	0	0	0	0
检验结果：　检验员签章：				运杂费						1	0	0	0	0	0
				合　计			¥	1	0	1	0	0	0	0	0
备注															

仓库：　　　　材料会计：　　　　收料员：陆江红

第三联：会计

表 7-23

江苏增值税专用发票

江苏　国家税务总局监制

发 票 联

No. 34610562

开票日期：2008 年 3 月 25 日

购货单位	名　　称：张家港市宝利实业有限公司 纳税人识别号：320582150157868 地 址、电 话：张家港市人民路 231 号 开户行及账号：建设银行沙洲西路支行 06635698	密码区	3+-〈1〉5〉361+324+/ *　加密版本：01 296〈810293〈65〉〈3/ *　87119471410 2-2〈2051+24+5618〈7　07050645 /3-15〉〉09/5/-1〉〉〉+3

货物或应税劳务名称	规格型号	单位	数量	单价	金额	税率	税额
生铁		吨	20	3 000	60 000.00	17%	10 200.00
方钢		吨	10	4 000	40 000.00	17%	6 800.00
合计					¥100 000.00		¥17 000.00
价税合计（人民币大写）	⊗壹拾壹万柒仟元整				（小写）¥117 000.00		

销货单位	名　　称：长兴钢铁有限公司 纳税人识别号：320582138613441 地 址、电 话：南丰镇西街 16 号 开户行及账号：农业银行南丰支行 56010112364	备注	长兴钢铁有限公司 320582138613441 发票专用章

收款人：　　　复核：　　　开票人：林强　　　销货单位：（盖章）

第二联：发票联　购货方记账凭证

表 7-24

江苏省公路货运专用发票

发 票 联

No. 7725032

发货单位：长兴钢铁公司　　地址：南丰镇和平村　　电话：56223130　　2008 年 3 月 25 日

卸货地点	人民路 231 号	收货单位	宝利实业有限公司	地址		电话	

货物名称	包装	件数	实际重量	计费运输量		货物等级	计费里程	运费率	运费金额	其他费用		运杂费
				吨	吨公里					费目	金额	小计
方钢			10									300
生铁			20									700
运杂费合计（人民币大写）⊗壹仟元整									（小写）¥1 000.00			
备注												

第二联：发票联

填票人：　　收款人：张劲　　单位名称：（盖章）

表 7-25

银行承兑汇票（存根）　3

出票日期（大写）贰零零捌年叁月贰拾五日

出票人全称	市宝利实业有限公司	收款人	全　称	长兴钢铁公司
出票人账号	06635698		账　号	56010112364
付款行全称	建设银行沙洲西路支行		开户银行	中国农业银行南丰支行

出票金额（人民币）大写	千	百	十	万	千	百	十	元	角	分
壹拾壹万柒仟元整		¥	1	1	7	0	0	0	0	0

汇票到期日（大写）	贰零零捌年陆月贰拾伍日	付款行	行号	4568
承兑协议编号			地址	乘航街道
	备注：			

此联由出票人存查

(三) 训练要求

根据训练资料中所列经济业务，填制记账凭证并予以审核。

(四) 训练安排

1. 本次训练由一人独立完成。
2. 训练时间约 30 分钟。
3. 准备空白的收款凭证 3 张、付款凭证 9 张、转账凭证 4 张。

第二节　生产业务的记账凭证填制与审核训练

(一) 训练目的

通过训练，使学生掌握生产加工过程中发生的主要经济业务应填制的记账凭证，并在此基础上掌握记账凭证审核的内容和方法。

(二) 训练资料

企业名称：张家港市宝利实业有限公司（增值税一般纳税人）
地　　址：张家港市人民路 231 号
电　　话：58182992
开 户 行：建设银行沙洲西路支行
账　　号：06635698
纳税人登记号：320582150157868
法人代表：刘观正　　会计人员：郭琴　　出纳员：许敏　　会计主管：吴彩
业务主管（审核）：王卫平　　材料采购员：陈娟　　材料采购负责人：陈伟
车间主任：王民　　仓库管理员：陆江红　　开票员：许敏
张家港市宝利实业有限公司 2008 年 5 月份发生的经济业务如下。
1. 5 月 4 日，有关部门从仓库领用材料，填写的领料单如表 7-26 至表 7-29 所示。
2. 5 月 9 日，出纳员填制现金支票提取现金，准备发工资，支票存根如表 7-30 所示。
3. 5 月 9 日，以现金 140 000 元，发放本月职工工资，工资结算汇总表如表 7-31 所示。
4. 5 月 16 日，办公室购买办公用品 870 元，开出支票付款，有关单据如表 7-32、表 7-33 所示。
5. 5 月 18 日，开出转账支票支付车间设备修理费 1 170 元，有关单据如表 7-34、表 7-35

所示。

6．5 月 31 日，分配结转本月职工工资 140 000 元，其中，生产 A 产品工人工资 60 000 元，生产 B 产品工人工资 40 000 元，车间管理人员工资 23 500 元，行政管理部门 16 500 元，分配表如表 7-36 所示。

7．5 月 31 日，按工资总额的 14%计提福利费，福利费计提表如表 7-37 所示。

8．5 月 31 日，计提本月固定资产折旧费，折旧费用分配表如表 7-38 所示。

9．5 月 31 日，编制制造费用分配表，如表 7-39 所示。

10．5 月 31 日，本月投产的 A 产品 500 件，B 产品 400 件，全部完工，结转其生产成本，有关单据如表 7-40 至表 7-42 所示。

表 7-26

宝利实业有限公司领料单

领料部门：第 1 生产车间　　　　2008 年 5 月 4 日　　　　No. 001220

材料		单位	数量		单位成本	金额（元）	过账
名称	规格		请领	实发			
甲材料		千克	4 000	4 000	10	40 000.00	
乙材料		千克	3 000	3 000	5	15 000.00	
工作单号		用途	生产 A 产品				
工作项目							

会计：　　　　记账：　　　　发料：陆江红　　　　领料：朱毅

表 7-27

宝利实业有限公司领料单

领料部门：第 2 生产车间　　　　2008 年 5 月 4 日　　　　No. 001221

材料		单位	数量		单位成本	金额（元）	过账
名称	规格		请领	实发			
甲材料		千克	3 000	3 000	10	30 000.00	
乙材料		千克	1 500	1 500	5	7 500.00	
工作单号		用途	生产 B 产品				
工作项目							

会计：　　　　记账：　　　　发料：陆江红　　　　领料：王鹏

表 7-28

宝利实业有限公司领料单

领料部门：第 3 生产车间　　2008 年 5 月 4 日　　No. 001222

材料		单位	数量		单位成本	金额（元）	过账
名称	规格		请领	实发			
乙材料		千克	1600	1600	5	8 000.00	
工作单号		用途	车间一般耗用				
工作项目							

会计：　　记账：　　发料：陆江红　　领料：林腾飞

表 7-29

宝利实业有限公司领料单

领料部门：计划科　　2008 年 5 月 4 日　　No. 001223

材料		单位	数量		单位成本	金额（元）	过账
名称	规格		请领	实发			
甲材料		千克	500	500	10	5 000.00	
工作单号		用途	行政管理使用				
工作项目							

会计：　　记账：　　发料：陆江红　　领料：张丽华

表 7-30

中国建设银行（苏）

现金支票存根

No. 01621955

附加信息

出票日期 2008 年 5 月 9 日

收款人：	宝利有限公司
金　额：	￥140 000.00
用　途：	备发工资

单位主管：　　会计：许敏

表 7-31

工资结算汇总表

2008 年 5 月 9 日　　　　单位：元

部　门	计时工资	计件工资	工资性津贴	奖　金	应扣工资		应付工资
					事假	病假	
生产 A 产品		32 000	20 000	8 100	60	40	60 000.00
生产 B 产品		28 000	10 000	2 000			40 000.00
车间管理人员	23 500						23 500.00
行政管理人员	16 500						16 500.00
合　计	40 000	60 000	30 000	10 100	60	40	140 000.00

表 7-32

江苏省商品销售统一发票

江苏 国家税务总局监制 发票监

No. 01735662

购货单位：市宝利实业有限公司　　2008 年 5 月 16 日

品名及规格	单位	数量	单价	金额 万	千	百	十	元	角	分	备注
计算器	台	10	75			7	5	0	0	0	
笔记本	本	20	6			1	2	0	0	0	
合计					¥	8	7	0	0	0	
合计金额（人民币大写）⊗捌佰柒拾元整				（小写）¥870.00							

第二联：发票联

张家港市长征文具有限公司 320582727076817 发票专用章

开票人：刘名　　收款人：王丽　　单位名称：（盖章）

表 7-33

中国建设银行（苏）
转账支票存根
No. 01621988

附加信息

出票日期 2008 年 5 月 15 日

收款人：	利群商厦
金　额：	¥870.00
用　途：	办公用品

单位主管：　　会计：许敏

表 7-34

江苏增值税专用发票

发票联

No. 03367194

开票日期：2008 年 5 月 18 日

购货单位	名　　称：张家港市宝利实业有限公司 纳税人识别号：320582150157868 地 址、电 话：张家港市人民路 231 号 开户行及账号：建设银行沙洲西路支行 06635698	密码区	6+-〈2〉6〉869+296+/ * 446〈600375〈35〉〈4/ * 2-2〈2051+24+2618〈7 /3-15〉〉09/5/-1〉〉〉+2	加密版本：01 37009931410 07050445

货物或应税劳务名称	规格型号	单位	数量	单价	金额	税率	税额
修理流水线					1 000.00	17%	170.00
合　　计					￥1 000.00		￥170.00
价税合计（人民币大写）	⊗壹仟壹佰柒拾元整				（小写）￥1 170.00		

销货单位	名　　称：苏州市黄海大修厂 纳税人识别号：320856586263889 地 址、电 话：苏州市幸福路 108 号 5656368 开户行及账号：中国银行幸福支行 5601022812364	备注	苏州市黄海大修厂 320856586263889 发票专用章

收款人：　　复核：　　开票人：吕营　　销货单位：（盖章）

第二联：发票联　购货方记账凭证

表 7-35

中国建设银行（苏）
转账支票存根

No. 01621989

附加信息

出票日期 2008 年 5 月 18 日

收款人：	黄海大修厂
金　额：	￥1170.00
用　途：	支付修理费

单位主管：　　会计：许敏

表 7-36

工资费用分配汇总表

2008 年 5 月 31 日 单位：元

车间、部门		应分配金额
车间生产人员工资	生产 A 产品	60 000.00
	生产 B 产品	40 000.00
	生产人员工资小计	100 000.00
车间管理人员		23 500.00
厂部管理人员		16 500.00
合　计		140 000.00

表 7-37

福利费用计提表

2008 年 5 月 31 日 单位：元

车间、部门		工资总额	比　例	福 利 费
车间生产人员工资	生产 A 产品	60 000.00	14%	8 400.00
	生产 B 产品	40 000.00	14%	5 600.00
	生产人员工资小计	100 000.00	14%	14 000.00
车间管理人员		23 500.00	14%	3 290.00
厂部管理人员		16 500.00	14%	2 310.00
合　计		140 000.00	14%	19 600.00

表 7-38

折旧费用分配表

2008 年 5 月 31 日 单位：元

车间或部门	折 旧 额
生产车间	3 800.00
厂 部	5 600.00
合 计	9 400.00

表 7-39

制造费用分配表

2008 年 5 月 31 日

产品名称	实用工时（小时）	分 配 率	分配金额（元）
A 产品	4 000		
B 产品	6 000		
合 计	10 000		

表 7-40

产品成本计算单

产品名称：A 产品 2008 年 5 月 31 日 完工：500 件

项 目	直接材料	直接人工	制造费用	合 计
本月发生生产成本				
转完工产品成本				
完工产品单位成本				

表 7-41

产品成本计算单

产品名称：B 产品　　　　2008 年 5 月 31 日　　　　完工：400 件

项　　目	直接材料	直接人工	制造费用	合　　计
本月发生生产成本				
转完工产品成本				
完工产品单位成本				

表 7-42

产成品入库单

2008 年 5 月 31 日

产品名称	计量单位	数　　量	单位成本	金　　额
A 产品	件			
B 产品	件			
合　计				

（三）训练要求

根据训练资料中所列经济业务，填制记账凭证并予以审核。

（四）训练安排

1．本次训练由一人独立完成。
2．训练时间约 30 分钟。
3．准备空白的付款凭证 4 张、转账凭证 6 张。

第三节　销售业务的记账凭证填制与审核训练

（一）训练目的

通过训练，使学生掌握销售过程中发生的主要经济业务应填制的记账凭证，并在此基础上掌握记账凭证审核的内容和方法。

（二）训练资料

企业名称：张家港市宝利实业有限公司（增值税一般纳税人）
地　　址：张家港市人民路 231 号
电　　话：58182992
开 户 行：建设银行沙洲西路支行
账　　号：06635698
纳税人登记号：320582150157868
会计人员：郭琴　　出纳员：许敏　　开票员：许敏　　会计主管：吴彩
业务主管（审核）：王卫平　　材料采购员：陈娟　　材料采购负责人：陈伟
车间主任：王民　　仓库管理员：陆江红
张家港市宝利实业有限公司 2008 年 10 月发生的经济业务如下。

1．10 月 8 日，销售给红星公司电热水器 20 台，热水器已发出，并向银行办妥托收手续。有关单据如表 7-43、表 7-44 所示。

2．10 月 8 日，收到利群公司偿还前欠货款 15 000 元的转账支票一张，企业开具收款收据给利群公司，并填制进账单将款项送存银行。收款收据和进账单如表 7-45、表 7-46 所示。

3．10 月 8 日，开出支票支付销售热水器广告费 2 580 元，有关单据如表 7-47、表 7-48 所示。

4．10 月 8 日，销售给市百盛集团燃气热水器 20 台，款项已送存银行，有关单据如表 7-49、

表 7-50 所示。

5．10 月 8 日，收到百盛集团偿还前欠货款的汇票 38 000 元，企业开具收款收据给交款人，并填制进账单将支票送存银行。有关单据如表 7-51、表 7-52 所示。

6．10 月 8 日，缴纳上月应交城建税和教育费附加 1 100 元，完税凭证如表 7-53 所示。

7．10 月 8 日，缴纳上月应交所得税 5 600 元，完税凭证如表 7-54 所示。

8．10 月 10 日，接银行通知，收到红星公司前欠货款，收账通知如表 7-55 所示。

9．10 月 12 日，销售给诚信公司电热水器 30 台，收到一张面值为 52 650 元的商业承兑汇票，有关单据如表 7-56、表 7-57 所示。

10．10 月 31 日，根据发出产品汇总表（如表 7-58 所示），结转已销热水器的实际成本。

表 7-43

江苏增值税专用发票

江苏 国家税务总局监制

No. 01477638

此联不作报销、扣税凭证　　开票日期：2007 年 12 月 2 日

购货单位	名　　称：苏州市红星公司 纳税人识别号：320866786635598 地 址、电 话：苏州市乐水路16号 5230355 开户行及账号：工商银行乐水路支行 5600-9696			密码区	4+-〈2〉6〉869+296+/ * 446〈600375〈35〉〈4/ * 2-2〈2051+24+2658〈7 /3-15〉〉09/5/-1〉〉〉+4	加密版本：01 37055931410 09050245	
货物或应税劳务名称	规格型号	单位	数量	单价	金额	税率	税额
电热水器		台	20	1 500	30 000.00	17%	5 100.00
合　计					¥30 000.00		¥5 100.00
价税合计（人民币大写）	⊗叁万伍仟壹佰元整				（小写）¥35 100.00		
销货单位	名　　称：张家港市宝利实业有限公司 纳税人识别号：320582150157868 地 址、电 话：张家港市人民路231号 58182992 开户行及账号：建设银行沙洲西路支行 06635698				备注	张家港市宝利实业有限公司 320582150157868 发票专用章	

收款人：　　复核：　　开票人：许敏　　销货单位：（盖章）

第三联：记账联　销货方记账凭证

表 7-44

托收凭证（受理回单）

委托日期 2008 年 10 月 8 日

业务类型	委托收款（☐邮划、☐电划）			托收承付（☐邮划、☐电划）			
付款人	全　称	苏州市红星公司		收款人	全　称	张家港市宝利实业有限公司	
	账　号	5600-9696			账　号	06635698	
	地　址	省 合肥 市/县	开户行 工行		地　址	省 江苏 市/县	开户行 建行
金额	人民币（大写）	⊗叁万伍仟壹佰元整			亿千百十万千百十元角分	¥ 3 5 1 0 0 0 0	
款项内容	货　款	托收凭据名称	托收承付凭证（电划）		附寄单证张数	（1）	
商品发运情况				合同名称号码			
备注： 复核　　记账		款项收妥日期 年　月　日			收款人开户银行签章 2008 年 10 月 8 日		

中国建设银行 张家港市支行 2008.10.08 转讫

表 7-45

统一收款收据（三联单）

2008 年 10 月 8 日　　　　No. 000135

交款单位 或交款人	利群公司	收　款 方　式	转账支票
事　由 偿还前欠货款 人民币（大写）壹万伍仟元整　（小写）￥15 000.00 张家港市宝利实业有限公司 现金收讫章			备注：

收款单位：（盖章）　　　　收款人：许敏

说明：不得作行政事业性收费收据使用

表 7-46

中国建设银行 进账单（收账通知） 3

2008 年 10 月 8 日

出票人	全　称	利群公司	收款人	全　称	张家港市宝利实业有限公司
	账　号	36888526		账　号	06635698
	开户银行	工行南大街支行		开户银行	建设银行沙洲西路支行

金额	亿	千	百	十	万	千	百	十	元	角	分
人民币（大写） ⊗壹万伍仟元整				￥	1	5	0	0	0	0	0

票据种类	转账支票	票据张数	1
票据号码			

中国建设银行 张家港市支行 2008.10.08 转讫 (1)

复核：　　记账：　　　　收款人开户银行签章

此联是收款人开户银行交给收款人的收账通知

表 7-47

苏州市广告业专用发票

发票联

No. 07725135

客户名称：张家港市宝利实业有限公司　　2008年10月8日

品名	项目	金额								备注
		十	万	千	百	十	元	角	分	
	产品广告费		¥	2	5	8	0	0	0	
合计（人民币大写）⊗贰仟伍佰捌拾元整		（小写）¥2 580.00								

第二联：发票联

开票人：张超　　收款人：王雨　　单位名称：（盖章）

（印章：张家港市广播电视台 3205826430521707 发票专用章）

表 7-48

中国建设银行（苏）

转账支票存根

No. 01821990

附加信息

出票日期 2008年10月8日

收款人：	市电视台
金　额：	¥2 580.00
用　途：	广告费

单位主管：　　会计：许敏

表 7-49

江苏增值税专用发票

No. 01477639

此联不作报销、扣税凭证　　开票日期：2008 年 10 月 8 日

购货单位	名　　称：百盛集团 纳税人识别号：370866786635598 地 址、电 话：青岛市乐水路 16 号 6230355 开户行及账号：工商银行乐水路支行 5688-9622			密码区	4+-〈2〉6〉869+296+/ * 446〈600375〈35〉〈4/ * 2-2〈2051+24+2617〈7 /3-15〉〉09/5/-1〉〉〉+3		加密版本：01 37055931410 09050449
货物或应税劳务名称	规格型号	单　位	数　量	单　价	金　额	税　率	税　额
燃气热水器		台	20	2 000	40 000.00	17%	6 800.00
合　　计					￥40 000.00		￥6 800.00
价税合计（人民币大写）	⊗肆万陆仟捌佰元整				（小写）￥46 800.00		
销货单位	名　　称：张家港市宝利实业有限公司 纳税人识别号：320582150157868 地 址、电 话：张家港市人民路 231 号 58182992 开户行及账号：建设银行沙洲西路支行 06635698				备注	张家港市宝利实业有限公司 320582150157868 发票专用章	

收款人：　　　　复核：　　　　开票人：许敏　　　　销货单位：（盖章）

第三联：记账联　销货方记账凭证

表 7-50

中国建设银行 进账单（收账通知）　3

2008 年 10 月 8 日

出票人	全　　称	百盛集团	收款人	全　　称	张家港市宝利实业有限公司
	账　　号	371565675		账　　号	06635698
	开户银行	工商银行乐水路支行		开户银行	建设银行沙洲西路支行
金额	人民币（大写）⊗肆万陆仟捌佰元整			亿千百十万千百十元角分	￥4 6 8 0 0 0 0
票据种类	汇票	票据张数	1		
票据号码					
复核：　　记账：				收款人开户银行签章	中国建设银行 张家港市支行 2008.10.08 转讫 (1)

此联是收款人开户银行交给收款人的收账通知

表 7-51

统一收款收据（三联单）

2008 年 10 月 8 日 No. 000136

交款单位或交款人	百盛集团	收款方式	汇票
事由 偿还前欠货款 人民币（大写）叁万捌仟元整 （小写）￥38 000.00 张家港市宝利实业有限公司 现金收讫章			备注：

收款单位：（盖章） 收款人：许敏

说明：不得作行政事业性收费收据使用

表 7-52

中国建设银行 进账单（收账通知） 3

2008 年 10 月 8 日

出票人	全称	百盛集团	收款人	全称	张家港市宝利实业有限公司
	账号	5688-9622		账号	06635698
	开户银行	工商银行乐水路支行		开户银行	建设银行沙洲西路支行
金额	人民币（大写）⊗叁万捌仟元整				亿 千 百 十 万 千 百 十 元 角 分 ￥ 3 8 0 0 0 0 0
票据种类	汇票	票据张数	1		
票据号码					
复核： 记账：					中国建设银行 张家港市支行 2008.10.08 转讫 (1) 收款人开户银行签章

此联是收款人开户银行交给收款人的收账通知

表 7-53

中华人民共和国
税收电子转账专用完税证

填发日期 2008 年 10 月 8 日

税务登记代码	320582150157868	征收机关	张家港市地税直属分局	
纳税人全称	张家港市宝利实业有限公司	收款银行（邮局）		
税（费）种		税收所属期间	实缴金额	
城建税		20080901—20080930	770.00	
教育费附加		20080901—20080930	330.00	
金额合计（人民币大写）⊗壹仟壹佰元整			（小写）¥1 100.00	
征收机关	收款银行（邮局）（盖章）	经手人（签章）	备注	电子缴税 0038638（27）

中国建设银行
张家港市支行
2008.10.08
转讫
（1）

此凭证仅作纳税人完税凭证

表 7-54

中华人民共和国
税收电子转账专用完税证

填发日期 2008 年 10 月 8 日

税务登记代码	320582150157868	征收机关	张家港市地税直属分局	
纳税人全称	市宝利实业有限公司	收款银行（邮局）		
税（费）种		税收所属期间	实缴金额	
企业所得税（预缴）		20080901—20080930	5 600.00	
金额合计（人民币大写）⊗伍仟陆佰元整			（小写）¥5 600.00	
征收机关	收款银行（邮局）（盖章）	经手人（签章）	备注	电子缴税 00038638（28）

中国建设银行
张家港市支行
2008.10.08
转讫
（1）

此凭证仅作纳税人完税凭证

表 7-55

托收凭证（收账通知） 4

委托日期 2008 年 10 月 8 日

业务类型	委托收款（☐邮划、☐电划） 托收承付（☐邮划、☐电划）					
付款人 全称	苏州市红星公司			收款人 全称	张家港市宝利实业有限公司	
账号	5600-9696			账号	06635698	
地址	省 合肥 市县	开户行	工行	地址	江苏省 苏州 市县	开户行 建行
金额 人民币（大写）	⊗叁万伍仟壹佰元整			亿千百十万千百十元角分	￥ 3 5 1 0 0 0 0	
款项内容	货款	托收凭据名称	托收承付凭证（电划）	附寄单证张数		
商品发运情况		合同名称号码				
备注： 复核 记账		上列款项 已划回收入你方账户内		收款人开户银行签章 2008 年 10 月 10 日		

（印章：中国建设银行 张家港市支行 2008.10.10 转讫 (1)）

此联收款人开户银行作收账通知

表 7-56

江苏增值税专用发票

（印章：全国统一发票监制章 江苏 国家税务总局监制）

No. 01477640

此联不作报销、扣税凭证　　开票日期：2008 年 10 月 12 日

购货单位	名称：诚信公司 纳税人识别号：370665524383398 地址、电话：济宁市华侨路 18 号 7230355 开户行及账号：工商银行迎祥路支行 56019653	密码区	6+-〈2〉6〉924+296+/ * 446〈600375〈35〉〈4/ * 2-2〈2051+24+2648〈7 /3-15〉〉09/5/-1〉〉〉+3	加密版本：01 37009931410 07050385			
货物或应税劳务名称	规格型号	单位	数量	单价	金额	税率	税额
电热水器		台	30	1 500	45 000.00	17%	7 650.00
合计					￥45 000.00		￥7 650.00
价税合计（大写）	⊗伍万贰仟陆佰伍拾元整				（小写）￥52 650.00		
销货单位	名称：张家港市宝利实业有限公司 纳税人识别号：320582150157868 地址、电话：张家港市人民路 231 号 58182992 开户行及账号：建设银行沙洲西路支行 06635698	备注	（印章：张家港市宝利实业有限公司 320582150157868 发票专用章）				

收款人：　　复核：　　开票人：许敏　　销货单位：（盖章）

第三联：记账联　销货方记账凭证

表 7-57

商业承兑汇票　2

出票日期（大写）贰零零捌年 零壹拾月 壹拾贰日

付款人	全　称	诚信公司	收款人	全　称	张家港市宝利实业有限公司
	账　号	56019653		账　号	06635698
	开户银行	工商银行迎祥路支行		开户银行	建设银行沙洲西路支行
出票金额	人民币（大写）	伍万贰仟陆佰伍拾元整		亿千百十万千百十元角分	¥ 5 2 6 5 0 0 0
汇票到期日（大写）		贰零零玖年叁月壹拾贰日	付款人开户行	行号	5568
交易合同号码		46678		地址	迎祥路
本汇票已经承兑，到期无条件支付票款 承兑人签章　承兑日期 2008 年 10 月 12 日			本汇票请予以承兑，于到期日付款 出票人签章		

中国建设银行张家港市支行 2008.10.12 承兑 (1)

此联持票人开户行随托收凭证寄付款人开户行作借方凭证附件

表 7-58

发出产品汇总表

2008 年 10 月 31 日

产品名称	计量单位	销售数量	单位成本（元）	总成本（元）
电热水器	台	50	1 180	59 000.00
燃气热水器	台	20	1 600	32 000.00
合　计				91 000.00

（三）训练要求

根据训练资料中所列经济业务填制记账凭证并予以审核。

（四）训练安排

1．本次训练由一人独立完成。
2．训练时间约 30 分钟。
3．准备空白的收款凭证 5 张、付款凭证 3 张、转账凭证 3 张。

第四节　供产销业务的记账凭证填制与审核训练

（一）训练目的

通过训练，使学生掌握供应、生产、销售过程过程中发生的主要经济业务应填制的记账凭证，并在此基础上掌握记账凭证审核的内容和方法。

（二）训练资料

企业名称：张家港市宝利实业有限公司（增值税一般纳税人）
地　　址：张家港市人民路 231 号
电　　话：58182992
开 户 行：建设银行沙洲西路支行
账　　号：06635698
纳税人登记号：320582150157868
会计人员：郭琴　　出纳员：许敏　　开票员：许敏　　会计主管：吴彩
业务主管（审核）：王卫平　　材料采购员：陈娟　　材料采购负责人：陈伟
车间主任：王民　　仓库管理员：陆江红

张家港市宝利实业有限公司 2008 年 7 月发生的经济业务如下。

1．7 月 1 日，从金祥公司购入丙材料 1 300 千克，开出支票付款，材料尚未运到，有关单据如表 7-59、表 7-60 所示。

2．7 月 1 日，有关部门从仓库领用材料，填写的领料单如表 7-61 至表 7-64 所示。

3．7 月 3 日，从金祥公司购入的甲材料运到企业并验收入库，材料入库单如表 7-65 所示。

4．7 月 3 日，出纳员填写现金支票一张，从银行提取现金 2 000 元，支票存根如表 7-66 所示。

5．7月3日，销售A产品400件，单价2 000元，全部款项已送存银行，有关单据如表7-67、表7-68所示。

6．7月5日，采用信汇方式偿还前欠龙祥公司材料款18 000元，信汇凭证如表7-69所示。

7．7月5日，采购员刘东填写暂支单（如表7-70所示），预借差旅费3 000元，经有关人员签字同意，以现金支付。

8．7月5日，向通达公司购进丙材料2 000千克，丁材料1 000千克，材料经有关部门验收入库，并开出商业汇票，有关单据如表7-71至表7-73所示。

9．7月6日，缴纳上月应交所得税12 000元，完税凭证如表7-74所示。

10．7月8日，缴纳上月应交城建税和教育费附加2 000元，完税凭证如表7-75所示。

11．7月10日，从沈阳购进运输车两辆，货款及运费已汇出。有关单据如表7-76至表7-78所示。

12．7月12日，向红星公司销售B产品，商品已经发出，货款已办妥托收手续，有关单据如表7-79、表7-80所示。

13．7月16日，刘东报销差旅费2 600元，退回现金400元，出纳员开具收据一张，有关单据如表7-81、表7-82所示。

14．7月16日，出纳员填写现金支票一张，提取现金430 000元，支票存根如表7-83所示。

15．7月16日，以现金430 000元，发放本月职工工资，工资结算汇总表如表7-84所示。

16．7月16日，开出支票给办公室，用于购买办公用品。有关单据如表7-85、表7-86所示。

17．7月20日，开出转账支票支付销售产品广告费5000元，有关单据如表7-87、表7-88所示。

18．7月20日，到银行购买结算凭证，有关单据如表7-89所示。

19．7月31日，分配结转本月职工工资430 000元，其中，生产A产品工人工资200 000元，生产B产品工人工资140 000元，车间管理人员工资35 000元，行政管理部门55 000元，分配情况如表7-90所示。

20．7月31日，按工资总额的14%计提福利费，如表7-91所示。

21．7月31日，本月计提固定资产折旧费，如表7-92所示。

22．7月31日，编制制造费用分配表（如表7-93所示）分配本月制造费用。

23．7月31日，本月投产的A产品250件，B产品360件，全部完工，结转其生产成本，有关单据如表 7-94 至表 7-96 所示。

24．7 月 31 日，结转本月已销商品成本，A 产品单位成本 1 600 元，B 产品单位成本 1 050 元，已销商品成本计算表如表 7-97 所示。

25．7 月 31 日，计算本月应交城建税 1 547 元，教育费附加 663 元。

26．7 月 31 日，按规定税率 25%计算本月应交所得税。

27．7 月 31 日，结转各损益类账户余额。

28．7 月 31 日，将本年净利润转入“利润分配——未分配利润”账户。

29．7 月 31 日，编制利润分配计算表（如表 7-98 所示），分别按照本年净利润的 10%和 20%计提法定盈余公积金和向投资者分配利润。

30．7 月 31 日，将“利润分配”各明细分类账户的余额转入“利润分配——未分配利润”账户。

表 7-59

中国建设银行（苏） 转账支票存根 No. 01833989
附加信息
出票日期 2008年7月1日
收款人：金祥公司
金　额：￥304 200.00
用　途：材料款
单位主管：　　会计：许敏

表 7-60

江苏增值税专用发票

江苏　国家税务总局监制

发　票　联

No. 02267514

开票日期：2008年7月1日

购货单位	名　　称：张家港市宝利实业有限公司 纳税人识别号：320582150157868 地 址、电 话：张家港市人民路231号 58182992 开户行及账号：建设银行沙洲西路支行 06635698				密码区	4+-〈2〉6〉589+257+/* 446〈600375〈35〉〈4/* 2-2〈2051+24+6618〈7 /3-15〉〉09/5/-1〉〉〉+6	加密版本:01 37008931410 07060735	
货物或应税劳务名称		规格型号	单　位	数　量	单　价	金　额	税　率	税　额
丙材料			千克	1 300	200	260 000.00	17%	44 200.00
合　计						￥260 000.00		￥44 200.00
价税合计(人民币大写)	⊗叁拾万肆仟贰佰元整					(小写)￥304 200.00		
销货单位	名　　称：苏州市金祥公司 纳税人识别号：320583586263889 地 址、电 话：苏州市和山路108号 85660368 开户行及账号：农行苏州市和山路支行 560180012364				备注	苏州市金祥公司 320583586263889 发票专用章		

第二联：发票联购货方记账凭证

收款人：　　复核：　　开票人：张文强　　销货单位：（盖章）

表 7-61

宝利实业有限公司领料单

领料部门：第 1 生产车间　　2008 年 7 月 1 日　　No. 007631

材料		单位	数量		单位成本（元）	金额（元）	过账
名称	规格		请领	实发			
丁材料		千克	120	120	50	6 000.00	
工作单号		用途	车间一般耗用				
工作项目							

会计：　　记账：　　发料：陆江红　　领料：肖华

表 7-62

宝利实业有限公司领料单

领料部门：第 2 生产车间　　2008 年 7 月 1 日　　No. 007632

材料		单位	数量		单位成本（元）	金额（元）	过账
名称	规格		请领	实发			
丙材料		千克	500	500	200	100 000.00	
丁材料		千克	1 000	1 000	50	50 000.00	
工作单号		用途	生产 A 产品				
工作项目							

会计：　　记账：　　发料：陆江红　　领料：王华

表 7-63

宝利实业有限公司领料单

领料部门：第 3 生产车间　　　　2008 年 7 月 1 日　　　　No. 007633

材料		单位	数量		单位成本（元）	金额（元）	过账
名称	规格		请领	实发			
丙材料		千克	750	750	200	150 000.00	
丁材料		千克	800	800	50	40 000.00	
工作单号		用途	生产 B 产品				
工作项目							

会计：　　记账：　　发料：陆江红　　领料：李冰

表 7-64

宝利实业有限公司领料单

领料部门：计划科　　　　2008 年 7 月 1 日　　　　No. 007634

材料		单位	数量		单位成本（元）	金额（元）	过账
名称	规格		请领	实发			
丙材料		千克	40	40	200	8 000.00	
工作单号		用途	管理部门一般耗用				
工作项目							

会计：　　记账：　　发料：陆江红　　领料：周红

表 7-65

材 料 入 库 单

No. 0033801

供应单位：金祥公司　　2008 年 7 月 3 日　　发票号：02267514

<table>
<tr><td rowspan="2">材料类别</td><td rowspan="2">材料名称</td><td rowspan="2">规格材质</td><td rowspan="2">计量单位</td><td rowspan="2">数量</td><td rowspan="2">实收数量</td><td rowspan="2">单位成本</td><td colspan="9">金　额</td></tr>
<tr><td>百</td><td>十</td><td>万</td><td>千</td><td>百</td><td>十</td><td>元</td><td>角</td><td>分</td></tr>
<tr><td></td><td>丙材料</td><td></td><td>千克</td><td>1 300</td><td>1 300</td><td>200</td><td></td><td>2</td><td>6</td><td>0</td><td>0</td><td>0</td><td>0</td><td>0</td><td>0</td></tr>
<tr><td></td><td></td><td></td><td></td><td></td><td></td><td></td><td></td><td></td><td></td><td></td><td></td><td></td><td></td><td></td><td></td></tr>
<tr><td></td><td></td><td></td><td></td><td></td><td></td><td></td><td></td><td></td><td></td><td></td><td></td><td></td><td></td><td></td><td></td></tr>
<tr><td></td><td></td><td></td><td></td><td></td><td></td><td></td><td></td><td></td><td></td><td></td><td></td><td></td><td></td><td></td><td></td></tr>
<tr><td></td><td></td><td></td><td></td><td></td><td></td><td></td><td></td><td></td><td></td><td></td><td></td><td></td><td></td><td></td><td></td></tr>
<tr><td colspan="4" rowspan="2">检验结果：　检验员签章：</td><td colspan="2">运杂费</td><td></td><td></td><td></td><td></td><td></td><td></td><td></td><td></td><td></td><td></td></tr>
<tr><td colspan="2">合　计</td><td></td><td>￥</td><td>2</td><td>6</td><td>0</td><td>0</td><td>0</td><td>0</td><td>0</td><td>0</td></tr>
<tr><td>备注</td><td colspan="15"></td></tr>
</table>

第三联：会计

仓库：　　材料会计：　　收料员：陆江红

表 7-66

中国建设银行（苏）

现金支票存根

No. 01836981

附加信息

出票日期 2008 年 7 月 3 日

收款人：	宝利实业有限公司
金　额：	￥2 000.00
用　途：	备用

单位主管：　　会计：许敏

表 7-67

江苏增值税专用发票

江苏 国家税务总局监制

No. 01738402

此联不作报销、扣税凭证　　　　开票日期：2008 年 7 月 3 日

购货单位	名　　称：金诚公司 纳税人识别号：370670524383698 地 址、电 话：日照市华侨路 28 号 6225006 开户行及账号：工商银行北大街支行 56019653			密码区	6+-〈2〉6〉928+296+/ * 486〈600375〈35〉〈4/ * 2-2〈2051+24+2618〈7 /3-15〉〉09/5/-1〉〉〉+2		加密版本：01 37009931410 07050347
货物或应税劳务名称	规格型号	单位	数量	单　价	金　　额	税　率	税　　额
A 产品		件	400	2 000	800 000.00	17%	136 000.00
合　　计					¥800 000.00		¥136 000.00
价税合计（人民币大写）	⊗玖拾叁万陆仟元整					（小写）¥936 000.00	
销货单位	名　　称：张家港市宝利实业有限公司 纳税人识别号：320582150157868 地 址、电 话：张家港市人民路 231 号 58182992 开户行及账号：建设银行沙洲西路支行 06635698			备注	张家港市宝利实业有限公司 320582150157868 发票专用章		

第三联：记账联　销货方记账凭证

收款人：　　　复核：　　　开票人：许敏　　　销货单位：（盖章）

表 7-68

中国建设银行 进账单（收账通知）　3

2008 年 7 月 3 日

出票人	全　　称	金诚公司	收款人	全　　称	张家港市宝利实业有限公司
	账　　号	56019653		账　　号	06635698
	开户银行	工商银行北大街支行		开户银行	建设银行沙洲西路支行
金额	人民币（大写）⊗玖拾叁万陆仟元整				亿 千 百 十 万 千 百 十 元 角 分 ¥ 9 3 6 0 0 0 0 0
票据种类	汇票	票据张数	1		
票据号码					
复核：　记账：			中国建设银行 张家港市支行 2008.07.03 转讫 (1) 收款开户银行签章		

此联是收款人开户银行交给收款人的收账通知

表 7-69

中国建设银行 信汇凭证（回单）　1

委托日期 2008 年 7 月 5 日

汇款人	全　称	张家港市宝利实业有限公司	收款人	全　称	龙祥公司
	账　号	06635698		账　号	5601180012364
	汇出地点	江苏省 苏州 市/县		汇入地点	吉林 省 长春 市/县
汇出行名称		建设银行沙洲西路支行	汇入行名称		建设银行长春分行
金额	人民币（大写）	⊗壹万捌仟元整	亿 千 百 十 万 千 百 十 元 角 分		¥ 1 8 0 0 0 0 0
中国建设银行 张家港市支行 2008.07.05 转讫 (1) 汇出行签章			支付密码		
			附加信息及用途： 偿还前欠购货款		

此联是汇出行给汇款人的回单

表 7-70

暂 支 单

2008 年 7 月 5 日

部　门	供应科		借款事由	采购材料	
借款金额	金额（人民币大写）叁仟元整　（小写）¥3 000.00				
批准金额	金额（人民币大写）叁仟元整　（小写）¥3 000.00				
领导	刘观正	财务主管	吴彩	借款人	刘东

表 7-71

山东增值税专用发票

No. 07716423

发 票 联

开票日期：2008 年 7 月 5 日

购货单位	名称：张家港市宝利实业有限公司 纳税人识别号：320582150157868 地址、电话：张家港市人民路 231 号 58182992 开户行及账号：建设银行沙洲西路支行 06635698	密码区	6+-〈2〉6〉589+256+/ * 加密版本：01 446〈600375〈35〉〈4/ * 37008931410 2-2〈2051+24+2614〈7 07060472 /3-15〉〉09/5/-1〉〉〉+6

货物或应税劳务名称	规格型号	单位	数量	单价	金额	税率	税额
丙材料		千克	2 000	200	400 000.00	17%	68 000.00
丁材料		千克	1 000	50	50 000.00	17%	8 500.00
合计					¥450 000.00		¥76 500.00
价税合计（人民币大写）	⊗伍拾贰万陆仟伍佰元整				（小写）¥526 500.00		

销货单位	名称：山东省日照市通达公司 纳税人识别号：370833586266690 地址、电话：日照市东港路 18 号 8550368 开户行及账号：农行日照东港路支行 380180012364	备注	山东省日照市通达公司 370833586266690 发票专用章

收款人：　　　　复核：　　　　开票人：张文强　　　　销货单位：（盖章）

第二联：发票联　购货方记账凭证

表 7-72

银行承兑汇票（存根）　3

出票日期（大写）贰零零捌 年 柒 月零伍 日

出票人全称	张家港市宝利实业有限公司	收款人	全称	通达公司
出票人账号	06635698		账号	380180012364
付款行全称	建设银行沙洲西路支行		开户银行	中国农业银行东港路支行
出票金额	人民币（大写）伍拾贰万陆仟伍佰元整		千 百 十 万 千 百 十 元 角 分	¥ 5 2 6 5 0 0 0 0
汇票到期日（大写）	贰零零捌年壹拾贰月零伍日	付款行	行号	4568
承兑协议编号			地址	日照市东港路
		备注		

此联由出票人留存

表 7-73

材 料 入 库 单

No. 0033802

供应单位：通达公司　　　　2008 年 7 月 5 日　　　　发票号：07716423

材料类别	材料名称	规格材质	计量单位	数量	实收数量	单位成本	金额								
								十	万	千	百	十	元	角	分
	丙材料		千克	2 000	2 000	200		4	0	0	0	0	0	0	0
	丁材料		千克	1 000	1 000	50			5	0	0	0	0	0	0
检验结果：		检验员签章：	运杂费												
			合　计				¥	4	5	0	0	0	0	0	0
备注															

仓库：　　　　会计：　　　　收料员：陆江红

第三联：会计

表 7-74

中 华 人 民 共 和 国
税收电子转账专用完税证

填发日期 2008 年 7 月 8 日

税务登记码	320582150157868		征收机关	张家港市地税直属分局
纳税人全称	张家港市宝利实业有限公司	收款银行（邮局）		（0153111569）
税（费）种		税收所属期间		实缴金额
企业所得税		20080601—20080630		12 000.00
金额合计（人民币大写）⊗壹万贰仟元整				（小写）¥12 000.00
征收机关	收款银行（邮局）（盖章）	经手人（签章）	备注	电子缴税 00038626（27）

中国建设银行 张家港市支行 2008.07.08 转讫 (1)

此凭证仅作纳税人完税凭证

表 7-75

中　华　人　民　共　和　国
税收电子转账专用完税证

填发日期 2008 年 7 月 8 日

税务登记代码	320582150157868	征收机关	张家港市地税直属分局
纳税人全称	张家港市宝利实业有限公司	收款银行（邮局）	
税（费）种	税收所属期间		实缴金额
城建税	20080601—20080630		1 400.00
教育费附加	20080601—20080630		600.00
金额合计（人民币大写）⊗贰仟元整			（小写）￥2 000.00

征收机关	收款银行（邮局）（盖章）	经手人（签章）	备注	电子缴税 00038626（27）

此凭证仅作纳税人完税凭证

表 7-76

辽宁公路货运专用发票　（乙）

发票联

No. 0079251

发货单位：哈飞汽车公司　地址：大连路 38 号　电话：8550368　2008 年 7 月 10 日

卸货地点	张家港市	收货单位	张家港市宝利实业有限公司	地址	人民路 231 号	电话	58182992

货物名称	包装	件数	实际重量	计费运输量		货物等级	计费里程	费率	金额	其他费用		运杂费小计
				吨	公里					费目	金额	
哈飞宝通		2								装卸费		2 000.00
运杂费合计	人民币（大写）⊗贰仟元整									（小写）￥2 000.00		
备注												

填票人：　收款人：孙梅　单位名称：（盖章）

第二联：发票联

表 7-77

辽宁增值税专用发票

辽宁　国家税务总局监制

No. 03672158

发票联

开票日期：2008 年 7 月 10 日

购货单位	名　　称：张家港市宝利实业有限公司 纳税人识别号：320582150157868 地 址、电 话：张家港市人民路 231 号 58182992 开户行及账号：建设银行沙洲西路支行 06635698	密码区	6+-〈2〉6〉589+276+/ * 446〈600375〈35〉〈4/ * 2-2〈2051+24+2335〈7 /3-15〉〉09/5/-1〉〉〉+2	加密版本：01 37008931410 07060915

货物或应税劳务名称	规格型号	单位	数量	单价	金额	税率	税额
哈飞宝通		辆	2	130 000	260 000.00	17%	44 200.00
合　　计					￥260 000.00		￥44 200.00
价税合计（人民币大写）	⊗叁拾万零肆仟贰佰元整				（小写）￥304 200.00		

销货单位	名　　称：辽宁省哈飞汽车有限公司 纳税人识别号：560101180012364 地 址、电 话：沈阳市大连路 18 号 8540367 开户行及账号：中国农业银行大连路支行 380180113364	备注	辽宁省哈飞汽车有限公司 560101180012364 发票专用章

收款人：　　复核：　　开票人：张蓬飞　　销货单位：（盖章）

第二联：发票联　购货方记账凭证

表 7-78

中国建设银行 信汇凭证（回单）　1

委托日期 2008 年 7 月 10 日

汇款人	全　　称	张家港市宝利实业有限公司	收款人	全　　称	哈飞汽车公司
	账　　号	06635698		账　　号	380180113364
	汇出地点	江苏省 苏州 市/县		汇入地点	辽宁 省 沈阳 市/县
汇出行名称		建设银行沙洲西路支行	汇入行名称		农行大连路支行

金额	人民币（大写）⊗叁拾万零陆仟贰佰元整	亿	千	百	十	万	千	百	十	元	角	分
			￥	3	0	6	2	0	0	0	0	0

汇出行签章	支付密码
	附加信息及用途： 购车款

中国建设银行 张家港市支行 2008.07.10 转讫 (1)

此联是汇出行给汇款人的回单

表 7-79

江苏增值税专用发票

江苏 国家税务总局监制

No. 01738403

此联不作报销、扣税凭证　　开票日期：2008 年 7 月 12 日

购货单位	名称：红星公司 纳税人识别号：370611524383398 地址、电话：合肥市乐水路 16 号 5230355 开户行及账号：工商银行乐水路支行 5600-966			密码区	6+-〈2〉6〉928+496+/ * 446〈600375〈35〉〈4/ * 2-2〈2051+24+2618〈7 /3-15〉〉09/5/-1〉〉〉+7	加密版本：01 37009931410 09081125	
货物或应税劳务名称	规格型号	单位	数量	单价	金额	税率	税额
B 产品		件	200	1 500	300 000.00	17%	51 000.00
合　计					¥300 000.00		¥51 000.00
价税合计（人民币大写）	⊗叁拾伍万壹仟元整				（小写）¥351 000.00		
销货单位	名称：张家港市宝利实业有限公司 纳税人识别号：320582150157868 地址、电话：张家港市人民路 231 号 58182992 开户行及账号：建设银行沙洲西路支行 06635698			备注	张家港市宝利实业有限公司 320582150157868 发票专用章		

收款人：　　复核：　　开票人：许敏　　销货单位：（章）

第三联：记账联　销货方记账凭证

表 7-80

托收凭证（受理回单）

委托日期 2008 年 7 月 12 日

业务类型	委托收款（□邮划、□电划）　托收承付（□邮划、□电划）						
付款人	全称	红星公司		收款人	全称	张家港市宝利实业有限公司	
	账号	5600-9696			账号	06635698	
	地址	省 合肥 市县	开户行 工行		地址	省 苏州 市县 张家港	开户行 建行
金额	人民币（大写）	⊗叁拾伍万壹仟元整				亿千百十万千百十元角分 ¥ 3 5 1 0 0 0 0 0	
款项内容	货款	托收凭据名称	托收承付凭证（电划）	附寄单证张数			
商品发运情况				合同名称号码			
备注： 复核　记账		款项收妥日期 年　月　日		收款人开户银行签章 2008 年 7 月 12 日			

中国建设银行 张家港市支行 2008.07.12 转讫 (1)

此联作收款人开户银行给收款人的回单

表 7-81

差旅费报销单

2008 年 7 月 16 日

部门：供应科

姓名		刘东				出差事由		采购材料		出差日期	自 2008 年 7 月 6 日至 2008 年 7 月 15 日共 10 天					
起讫时间及地点						车船票		夜间乘车补助费			出差乘补费			住宿费金额	其他	
月	日	起	月	日	讫	类别	金额	时间	标准	金额	日数	标准	金额		摘要	金额
7	6	市区	7	6	上海		180.00									
7	7		7	15							10	60	600.00	1 640.00		
7	15	上海	7	15	市区		180.00									
小计							360.00				10	60	600.00	1 640.00		
总计金额（人民币大写）贰仟陆佰元整																
预支：3 000.00　核销：2 600.00　退补：400.00																

附单据共 3 张

单位领导：刘观正　财务主管：吴彩　审核：王卫平　填报人：刘东

表 7-82

统一收款收据（三联单）

2008 年 7 月 16 日　No. 003529

交款单位或交款人	刘东	收款方式	现金
事由 报销差旅费，余款收回 人民币（大写）肆佰元整（小写）￥400.00 张家港市[illegible]实业有限公司 现金收讫章			备注： 预借款 3 000 元 核销 2 600 元 收回 400 元

说明：不得作行政事业性收费收据使用

收款单位：（盖章）　收款人：许敏

表 7-83

中国建设银行（苏）
现金支票存根
No. 01836982

附加信息

出票日期 2008 年 7 月 16 日

收款人：	宝利实业有限公司
金　额：	¥430 000.00
用　途：	备发工资

单位主管：　　会计：许敏

表 7-84

工资结算汇总表

2008 年 7 月 16 日　　单位：元

部　门	计时工资	计件工资	工资性津贴	奖金	应扣工资		应付工资
					事假	病假	
生产 A 产品		150 000	30 000	21 000	600	400	200 000.00
生产 B 产品		100 000	20 000	20 000			140 000.00
车间管理人员	35 000						35 000.00
行政管理人员	55 000						55 000.00
合　计	90 000	250 000	50 000	41 000	600	400	430 000.00

表 7-85

江苏省商品销售统一发票

（印章：江苏 国家税务总局监制）

No. 01723952

发　票　联

购货单位：张家港市宝利实业有限公司　　2008年7月16日

品名及规格	单　位	数　量	单　价	金额 万	千	百	十	元	角	分	备　注
打印纸	包	10	35			3	5	0	0	0	
笔记本	本	30	7			2	1	0	0	0	
合　计					¥	5	6	0	0	0	
合计金额（人民币大写）⊗伍佰陆拾元整					（小写）¥560.00						

开票人：刘鹏　　收款人：王丽　　单位名称：（盖章）

（印章：张家港市长征文具有限公司 320582727076817 发票专用章）

第二联：发票联

表 7-86

中国建设银行（苏）
现金支票存根
No. 01836983

附加信息

出票日期 2008年7月16日

收款人：	宝利实业公司
金　额：	¥560.00
用　途：	购办公用品

单位主管：　　会计：许敏

表 7-87

中国建设银行（苏）
转账支票存根
No. 01833990
附加信息

出票日期 2008 年 7 月 20 日

收款人：	市电视台
金　额：	¥5000.00
用　途：	付广告费

单位主管：　　会计：许敏

表 7-88

苏州市广告业专用发票

发　票　联

No. 01897426

客户名称：张家港市宝利实业有限公司　　2008 年 7 月 20 日

品　名	项　目	金额 十	万	千	百	十	元	角	分	备　注
	产品广告费		¥	5	0	0	0	0	0	
合计（人民币大写）⊗伍仟元整		（小写）¥5000.00								

开票人：张超　　收款人：王雨　　单位名称：（盖章）

第二联：发票联

张家港市广播电视台 3205826430521707 发票专用章

表 7-89

中国建设银行 业务收费凭证

交易流水：02200166　　　　2008 年 7 月 20 日

户　名	张家港市宝利实业有限公司	付款账号	5603-2936
费用项目	金　额	凭证号码	A0036726-0036750
购买凭证 工本费 手续费	 10.00 20.00	会计分录	备注： 柜员：53525010
合 计 金 额	（人民币大写）⊗叁拾元整		（小写）¥30.00

中国建设银行
张家港市支行
2008.07..20
转讫
（1）

表 7-90

工资费用分配汇总表

2008 年 7 月 31 日　　　　单位：元

车间、部门		应分配金额
车间生产人员工资	生产 A 产品	200000.00
	生产 B 产品	140000.00
	生产人员工资小计	340000.00
车间管理人员		35000.00
厂部管理人员		55000.00
合　　计		430000.00

表 7-91

福利费用计提表

2008 年 7 月 31 日　　　　单位：元

车间、部门		工资总额	比　例	福利费
车间生产人员工资	生产 A 产品	200000.00	14%	28000.00
	生产 B 产品	140000.00	14%	19600.00
	生产人员工资小计	340000.00	14%	47600.00
车间管理人员		35000.00	14%	4900.00
厂部管理人员		55000.00	14%	7700.00
合　计		430000.00	14%	60200.00

表 7-92

折旧费用分配表

2008 年 7 月 31 日　　　　单位：元

车间或部门	折旧额
生产车间	6100.00
厂　部	4900.00
合　计	11000.00

表 7-93

制造费用分配表

2008 年 7 月 31 日

产品名称	实用工时（小时）	分 配 率	分配金额(元)
A 产品	4000		
B 产品	6000		
合 计	10000		

表 7-94

产品成本计算单

产品名称：A 产品　　2008 年 7 月 31 日　　完工：250 件

项 目	直接材料	直接人工	制造费用	合 计
本月发生生产成本				
结转完工产品成本				
完工产品单位成本				

表 7-95

产品成本计算单

产品名称：B 产品　　　　2008 年 7 月 31 日　　　　完工：360 件

项　　目	直接材料	直接人工	制造费用	合　　计
本月发生生产成本				
结转完工产品成本				
完工产品单位成本				

表 7-96

产成品入库单

2008 年 7 月 31 日

产品名称	计量单位	数　　量	单位成本（元）	金　　额（元）
A 产品	件			
B 产品	件			
合　计				

表 7-97

已销商品成本计算表

2008 年 7 月 31 日

产品名称	计量单位	数　量	单位成本（元）	金　额（元）
A 产品	件	400	1600	640000
B 产品	件	200	1050	210000
合　计				850000

表 7-98

利润分配计算表

2008 年 7 月 31 日

项　目	金　额（元）
全年净利润	
提取法定盈余公积金（10%）	
向投资者分配利润（20%）	

（三）训练要求

根据训练资料中所列经济业务，填制记账凭证并予以审核。

（四）训练安排

1．本次训练由一人独立完成。
2．训练时间约 100 分钟。
3．准备空白的收款凭证 3 张、付款凭证 12 张、转账凭证 18 张。

第八章　会计账簿的登记与会计报表的编制训练

第一节　日记账的登记训练

（一）训练目的

通过训练，使学生掌握“库存现金日记账”、“银行存款日记账”的设置要求及登记方法。

（二）训练资料

1．张家港市宝利实业有限公司 2008 年 7 月 1 日总分类账账户和明细分类账账户的期初余额如表 8-1 所示。

表 8-1　总分类账账户和明细分类账账户的期初余额表

单位：元

总分类账账户	明细分类账账户	借方余额	贷方余额
库存现金		4 363.30	
银行存款		633 801.00	
应收账款		68 640.00	
	——红星工厂	12 640.00	
	——华胜商厦	56 000.00	
其他应收款		2 000.00	
	——张明	2 000.00	
原材料		400 000.00	
	——丙材料	300 000.00	
	——丁材料	100 000.00	
库存商品		1 700 000.00	
	——A 产品	1 280 000.00	
	——B 产品	420 000.00	

（续表）

总分类账账户	明细分类账账户	借方余额	贷方余额
固定资产		220 000.00	
	——生产用固定资产	200 000.00	
	——非生产用固定资产	20 000.00	
累计折旧			30 000.00
	——累计折旧		30 000.00
无形资产		50 000.00	
	——商标权	50 000.00	
短期借款			1 000 000.00
	——建行		1 000 000.00
应付账款			23 000.00
	——龙祥公司		23 000.00
应付职工薪酬			6 540.00
	——应付福利费		6 540.00
应交税费			14 000.00
	——应交所得税		12 000.00
	——应交城建税		1 400.00
	——应交教育费附加		600.00
长期借款			61 976.30
	——工商银行		61 976.30
实收资本			1 500 000.00
	——源发公司		800 000.00
	——宏达公司		700 000.00
资本公积			100 000.00
	——资本溢价		100 000.00
盈余公积			89 126.00
	——法定盈余公积		89 126.00
本年利润			180 000.00
利润分配			44 162.00
	——未分配利润		44 162.00
合　　计		3 048 804.30	3 048 804.30

2．张家港市宝利实业有限公司 2008 年 7 月 1 日原材料明细分类账账户期初余额如表 8-2 所示。

表 8-2　原材料明细分类账账户期初余额表

单位：元

项目 名称	数量（千克）	单位成本	金　额
丙材料	1 500	200.00	300 000.00
丁材料	2 000	50.00	100 000.00
合　计			400 000.00

3．张家港市宝利实业有限公司 2008 年 7 月 1 日库存商品明细分类账账户期初余额如表 8-3 所示。

表 8-3　库存商品明细分类账账户期初余额表

单位：元

项目 名称	数量（件）	单位成本	金　额
A 产品	800	1 600.00	1 280 000.00
B 产品	400	1 050.00	420 000.00
合　计			1 700 000.00

（三）训练要求

1．开设“库存现金日记账”和“银行存款日记账”。

2．根据第七章第四节训练要求中编制的收款凭证、付款凭证，逐日、逐笔登记“库存现金日记账”和“银行存款日记账”。

（四）训练安排

1．本次训练由一人独立完成。

2．训练时间约 30 分钟。

3．准备空白的库存现金日记账账页和银行存款日记账账页各一张。

第二节　明细分类账的登记训练

（一）训练目的

通过训练，使学生掌握“三栏式”、“多栏式”、“数量金额式”明细分类账账页的设置要求及登记方法。

（二）训练资料

第七章第四节训练资料中的经济业务和表 8-1 至表 8-3 所示的有关资料。

（三）训练要求

1．开设并登记龙祥公司的“应付账款明细分类账”（三栏式）。
2．开设并登记丙、丁两种材料的“原材料明细分类账”（数量金额式）。
3．开设并登记 A 产品的“生产成本明细分类账”（多栏式）。

（四）训练安排

1．本次训练由一人独立完成。
2．训练时间约 30 分钟。
3．准备空白的三栏式明细分类账账页 1 张、多栏式明细分类账账页 1 张、数量金额式明细分类账账页两张。

第三节　总分类账的登记训练

（一）训练目的

通过训练，使学生掌握总分类账的设置要求，以及直接根据记账凭证登记总分类账和根据科目汇总表登记总分类账的具体方法。

（二）训练资料

第七章第四节训练资料中的经济业务和表 8-1 至表 8-3 所示的有关资料。

（三）训练要求

1．设置库存现金、银行存款、材料采购、原材料、生产成本、库存商品、应交税费、主营业务收入 8 个总分类账账户。

2．直接根据记账凭证登记总分类账。

3．按 1-31 日编制科目汇总表一张，再根据科目汇总表登记总分类账。

（四）训练安排

1．本次训练由一人独立完成。

2．训练时间约 45 分钟。

3．准备空白的总分类账账页 8 张，科目汇总表 1 张。

第四节　结账与对账训练

（一）训练目的

通过训练，使学生掌握账户本期发生额的正确登记方法和期末余额的计算方法，同时掌握结账与对账的具体要求与方法。

（二）训练资料

本章第一节至第三节训练要求中登记的所有账页。

（三）训练要求

1．检查所有记账凭证是否全部登记入账，如有遗漏应及时补记。

2．根据所登记的账页进行月结。

（四）训练安排

1．本次训练由一人独立完成。

2．训练时间约 45 分钟

第五节　错账的查找与更正训练

（一）训练目的

通过训练，使学生了解账簿记录错误发生的几种基本情况，正确掌握并运用划线更正法、红字更正法和补充登记法进行错账的更正。

（二）训练资料

宝华实业有限公司 2008 年 2 月部分凭证及账簿资料如下。

1．取得的原始凭证如表 8-4 至表 8-9 所示。

表 8-4

江苏省商品销售统一发票

发 票 联

No. 01847926

购货单位：宝华实业公司　　　　2008 年 2 月 10 日

品名及规格	单位	数量	单价	金额 万	千	百	十	元	角	分	备注
笔记本	本	10	10			1	0	0	0	0	
碳素笔	支	20	20			4	0	0	0	0	
计算器	台	2	240			4	8	0	0	0	
合计					¥	9	8	0	0	0	
合计金额（人民币大写）玖佰捌拾元整				（小写）¥980.00							

第二联：发票联

开票人：　　　　收款人：王丽　　　　单位名称：（盖章）

（印章：张家港市长征文具有限公司 320582727076817 发票专用章）

表 8-5

中国工商银行（苏）

转账支票存根

No. 02821978

附加信息

出票日期 2008 年 2 月 10 日

收款人：	长征文具
金　额：	¥980.00
用　途：	付办公费

单位主管：　　会计：王丽

表 8-6

暂支单

借款日期 2008 年 2 月 12 日

单位或部门	供应科	借款事由	采购材料
申请借款金额	金额（人民币大写）叁千元整	（小写）¥3 000.00	
批准金额	金额（人民币大写）叁千元整	（小写）¥3 000.00	

宝华实业有限公司 现金付讫章

领导批示	王林	财务主管	周明	借款人	周涛

表 8-7

中国工商银行 进账单（收账通知） 3

2008 年 2 月 16 日

出票人	全称	华联商厦	收款人	全称	宝华实业公司
	账号	028—368974212		账号	125—960086578
	开户银行	工行营业六部		开户银行	工行营业一部
金额	人民币（大写）⊗壹万柒仟元整			千 百 十 万 千 百 十 元 角 分	¥ 1 7 0 0 0 0 0
票据种类	银行转账支票	票据张数	1		
票据号码					
	复核： 记账：			收款人开户行签章	

中国工商银行张家港市支行 2008.02.16 转讫 (1)

此联是收款人开户行给收款人的回单

表 8-8

中国网通有限公司江苏公司专用发票

全国统一发票监制章 江苏 国家税务总局监制

发票联

No. 02822026

客户名称	宝华实业	电话号码	58666288
基本月租 20.00 本地区内 200.48 本地区内 236.35 国内长话 128.17			
实收金额（人民币大写）⊗伍佰捌拾伍元整			（小写）¥585.00

中国网通江苏有限公司 320582150134868 发票专用章

第二联：发票联

本次费用统计从 2008/2/01— 2008/2/28　　收款日期 2008/2/28

表 8-9

中国工商银行（苏）
转账支票存根
No. 02821979

附加信息

出票日期 2008 年 2 月 28 日

收款人：	苏州网通公司
金　额：	￥585.00
用　途：	付话费

单位主管：　　会计：王丽

表 8-10

中国工商银行 信汇凭证（回单）

委托日期 2008 年 2 月 28 日

汇款人	全　称	宝华实业有限公司	收款人	全　称	光明公司
	账　号	8976555		账　号	303102536
	汇出地点			汇入地点	
汇出行名称		中国工商银行 张家港市支行 2008.02.2 转讫 (1)	汇入行名称		
金额	人民币（大写）	⊗捌万元整			千 百 十 万 千 百 十 元 角 分 ￥ 8 0 0 0 0 0 0
				支付密码	
汇出行签章				附加信息及用途：预付货款	

此联是汇出行给汇款人回单

2．填制的记账凭证如表 8-11 至表 8-15 所示。

表 8-11

付 款 凭 证

贷方科目：银行存款　　　　2008 年 2 月 10 日　　　　银付字第 18 号

摘　要	借方科目		金额								
	总分类账科目	明细科目	百	十	万	千	百	十	元	角	分
购办公用品	管理费用	办公费					8	9	0	0	0
合　计						¥	8	9	0	0	0

附件 2 张

会计主管：周明　　记账：李立　　复核：王丽　　出纳：张虹　　制单：张虹

表 8-12

付 款 凭 证

贷方科目：库存现金　　　　2008 年 2 月 12 日　　　　现付字第 20 号

摘　要	借方科目		金额								
	总分类账科目	明细科目	百	十	万	千	百	十	元	角	分
预借差旅费	其他应收款	周涛					3	0	0	0	0
合　计						¥	3	0	0	0	0

附件 1 张

会计主管：周明　　记账：李立　　复核：王丽　　出纳：张虹　　制单：张虹

表 8-13

收 款 凭 证

借方科目：银行存款　　　　2008 年 2 月 16 日　　　　银收字第 21 号

摘　要	贷方科目		金　额								
	总分类账科目	明细科目	百	十	万	千	百	十	元	角	分
收回货款	应付账款	华联商厦			1	7	0	0	0	0	0
合　计				￥	1	7	0	0	0	0	0

附件 1 张

会计主管：周明　　记账：李立　　复核：王丽　　出纳：张虹　　制单：张虹

表 8-14

付 款 凭 证

贷方科目：银行存款　　　　2008 年 2 月 28 日　　　　银付字第 52 号

摘　要	借方科目		金　额								
	总分类账科目	明细科目	百	十	万	千	百	十	元	角	分
支付话费	管理费用	电话费				5	8	5	0	0	0
合　计					￥	5	8	5	0	0	0

附件 2 张

会计主管：周明　　记账：李立：　　复核：王丽　　出纳：张虹　　制单：张虹

表 8-15

付 款 凭 证

贷方科目：银行存款　　　　2008 年 2 月 28 日　　　　银付字第 82 号

摘要	借方科目		金额									
	总分类账科目	明细科目	百	十	万	千	百	十	元	角	分	
预付货款	预付账款	光明公司			8	0	0	0	0	0	0	
												附件1张
合　计				¥	8	0	0	0	0	0	0	

会计主管：周明　　记账：李立　　复核：王丽　　出纳：张虹　　制单：张虹

3．登记的账簿资料如表 8-16 至表 8-22 所示。

表 8-16

库存现金日记账

第　页

2008年		凭证		摘要	借方								贷方								借或贷	余额							
月	日	字	号		十	万	千	百	十	元	角	分	十	万	千	百	十	元	角	分		十	万	千	百	十	元	角	分
				承前页																	借			4	2	0	0	0	0
2	12	现付	20	预借款												3	0	0	0	0	借			3	9	0	0	0	0

表 8-17

银行存款日记账

第　页

2008年		凭证		摘要	借方								贷方								借或贷	余额							
月	日	字	号		十	万	千	百	十	元	角	分	十	万	千	百	十	元	角	分		十	万	千	百	十	元	角	分
				承前页																	借	1	6	6	9	0	0	0	0
2	12	银付	18	付办公费												8	9	0	0	0	借								
				略																									
	16	银收	21	收货款		1	7	0	0	0	0	0									借								
				略																									
	28	银付	52	付电话费											5	8	5	0	0	0	借								
				略																									
	28	银付	80	预付货款										8	0	0	0	0	0	0	借								

表 8-18

管理费用明细分类账

第　页

2008年		凭证		摘要	办公费							水电费							保险费							其他							合计						
月	日	字	号		万	千	百	十	元	角	分	万	千	百	十	元	角	分	万	千	百	十	元	角	分	万	千	百	十	元	角	分	万	千	百	十	元	角	分
2	1	银付	18	购办公用品			8	9	0	0	0																								8	9	0	0	0
				略																																			
	28	银付	52	支付电话费																							5	8	5	0	0	0		5	8	5	0	0	0

表 8-19

其他应收款明细分类账

账户名称：周涛　　　　　　　　　　　　　　　　　　　　第　　页

2008 年		凭证		摘要	借方								贷方								借或贷	余额							
月	日	字	号		十	万	千	百	十	元	角	分	十	万	千	百	十	元	角	分		十	万	千	百	十	元	角	分
2	12	现付	20	预借款												3	0	0	0	0	借				3	0	0	0	0

表 8-20

应付账款明细分类账

账户名称：华联商厦　　　　　　　　　　　　　　　　　　第　　页

2008 年		凭证		摘要	借方								贷方								借或贷	余额							
月	日	字	号		十	万	千	百	十	元	角	分	十	万	千	百	十	元	角	分		十	万	千	百	十	元	角	分
2				承前页																	贷		5	0	0	0	0	0	0
2	16	银收	21	收货款										1	7	0	0	0	0	0	贷								

表 8-21

预付账款明细分类账

账户名称：光明公司　　　　　　　　　　　　　　　　　　　　　　　　第　　页

2008 年		凭证		摘　要	借　方								贷　方								借或贷	余　额							
月	日	字	号		十	万	千	百	十	元	角	分	十	万	千	百	十	元	角	分		十	万	千	百	十	元	角	分
2	28	银付	80	预付货款		8	0	0	0	0	0	0									借		8	0	0	0	0	0	0

表 8-22

应收账款明细分类账

账户名称：华联商厦　　　　　　　　　　　　　　　　　　　　　　　　第　　页

2008 年		凭证		摘　要	借　方								贷　方								借或贷	余　额							
月	日	字	号		十	万	千	百	十	元	角	分	十	万	千	百	十	元	角	分		十	万	千	百	十	元	角	分
2				承前页																	借		8	0	0	0	0	0	0

（三）训练要求

1．根据训练资料中所取得的原始凭证，检查所填制的记账凭证和登记的账簿资料是否正确，并指出错误类型。

2．按照规定的错账更正方法进行更正。

（四）训练安排

1．本次训练由一人独立完成。

2．训练时间约 45 分钟。

3．准备空白的记账凭证 5 张、总分类账账页两张。

第六节　银行存款余额调节表的编制训练

（一）训练目的

通过训练，使学生了解未达账项发生的几种基本情况，掌握银行存款余额调节表编制的具体方法。

（二）训练资料

宝利实业有限公司 2008 年 6 月，银行存款日记账和银行对账单分别如表 8-23、表 8-24 所示。

表 8-23

银行存款日记账

第　页

2008 年		凭证		摘要	对方科目	结算凭证		借方	贷方	余额
月	日	字	号			种类	号数			
6				以上记录略						415 000.00
6	21	银付		支付差旅费	其他应收款	现支	10785		1 000.00	414 000.00
6	22	银付		提现发薪	库存现金	现支	10786		45 000.00	369 000.00
6	24	银付		办公用品费	管理费用	转支	45761		320.00	368 680.00
6	26	银收		存销货款	主营业务收入	进账单	7852	11 700.00		380 380.00
6	30	银付		邮电费	管理费用	转支	45726		250.00	380 130.00
6	30	银收		存款利息	财务费用	结息单	38976	417.00		380 547.00
6	30	银收		存押金	其他应付款	进账单	7853	3 600.00		384 147.00

表 8-24

中国工商银行苏州市分行营业部 对账单

2008 年 6 月 30 日

2008 年		对方科目代号	摘要	凭证号		借方	贷方	余额
月	日			现金支票	结算凭证			
6			以上记录略					415 000.00
6	21	略	现金支票	10 785		1 000.00		414 000.00
6	22	略	现金支票	10 786		45 000.00		369 000.00
6	25	略	转账支票		45 761	320.00		368 680.00
6	26	略	进账单		7 852		11 700.00	380 380.00
6	30	略	托收承付		47 216		10 000.00	390 380.00
6	30	略	结息单		38 976		417.00	390 797.00
6	30	略	委托收款		36 481	20 358.00		370 439.00

（三）训练要求

对宝利实业有限公司的银行存款日记账和银行对账单进行逐笔核对，找出未达账项，并编制银行存款余额调节表。

（四）训练安排

1．本次训练由一人独立完成。

2．训练时间约 30 分钟。

3．准备空白的银行存款余额调节表 1 张。

第七节　会计报表的编制训练

（一）训练目的

通过训练，使学生掌握资产负债表和利润表的编制。

（二）训练资料

1．张家港市宝利实业有限公司 2008 年 8 月 31 日有关总分类账账户和明细分类账账户的余额表如表 8-25 所示。

表 8-25　总分类账账户和明细分类账账户的余额表

资产账户	借或贷	余　额	负债和所有者权益账户	借或贷	余　额
库存现金	借	2 100.00	短期借款	贷	249 800.00
银行存款	借	803 770.00	应付票据	贷	19 600.00
其他货币资金	借	91 560.00	应付账款	贷	71 400.00
交易性金融资产	借	114 140.00	——岭南企业	贷	73 000.00
应收票据	借	20 000.00	——鸿纺企业	借	1 600.00
应收账款	借	77 000.00	预收账款	贷	14 700.00
——兴化公司	借	80 000.00	——凤鸣公司	贷	14 700.00
——常州公司	贷	3 000.00	其他应付款	贷	5 000.00
坏账准备	贷	2 000.00	应付职工薪酬	贷	7 000.00
预付账款	借	36 160.00	应交税费	贷	6 580.00
——兴鸿公司	借	36 000.00	应付股利	贷	22 434.00
——华杰公司	借	160.00			
其他应收款	借	5 510.00	长期借款	贷	340 000.00
应收股利	借	3 000.00	应付债券	贷	63 700.00
材料采购	借	3 500.00	其中一年到期的应付债券	贷	23 000.00
原材料	借	813 127.00	长期应付款	贷	165 900.00
周转材料	借	117 600.00	实收资本	贷	3518 830.00
材料成本差异	贷	32 277.00	资本公积	贷	110 000.00
生产成本	借	265 485.00	盈余公积	贷	48 100.00
库存商品	借	75 600.00	利润分配	贷	2 961.00
存货跌价准备	贷	10 000.00	——未分配利润	贷	2 961.00
持有至到期投资	借	174 200.00	本年利润	贷	53 000.00
固定资产	借	2 887 800.00			
累计折旧	贷	1 034 920.00			
在建工程	借	256 760.00			
固定资产清理	借	6 875.00			
无形资产	借	24 015.00			
资产合计		4 699 005.00	负债及所有者权益合计		4 699 005.00

2. 张家港市宝利实业有限公司所得税税率为 25%，该公司 2008 年 1 月至 7 月各损益类账户的累计发生额和 8 月底转账前各损益类账户的发生额如表 8-26 所示。

表 8-26　各损益类账户的发生额

账户名称	8 月发生额		1 月至 7 月累计发生额	
	借方	贷方	借方	贷方
主营业务收入		208 000.00		4 000 000.00
主营业务成本	132 000.00		2 600 000	
销售费用	2 000.00		10 000.00	
营业税金及附加	1 000.00		24 000.00	
其他业务成本	7 500.00		30 000.00	
营业外支出	2 000.00		12 000.00	
财务费用	3 000.00		30 000.00	
管理费用	3 400.00		50 000.00	
其他业务收入		9 000.00		45 000.00
营业外收入		1 000.00		
投资收益		10 000.00		
所得税费用			386 700.00	

（三）训练要求

1．编制张家港市宝利实业有限公司 2008 年 8 月 31 日的资产负债表（填列期末数栏，年初余额略）和 2008 年 8 月的利润表。

（四）训练安排

1．本次训练由一人独立完成。

2．训练时间约 30 分钟。

3．准备空白的资产负债表和利润表各一张。

第九章　综合技能训练

（一）训练目的

通过训练，使学生总体了解企业从填制原始凭证开始，经过编制记账凭证、登记账簿一直到编制会计报表的一个完整的会计业务循环，系统掌握凭证的编制方法、账簿的登记方法及会计报表的编制方法，以提高会计实务的综合操作能力。

（二）训练资料

1．张家港市宝利实业有限公司 2008 年 12 月 1 日总分类账账户及明细分类账账户余额如表 9-1、表 9-2 所示。

表 9-1　总分类账账户余额表

单位：元

账户名称	借方余额	账户名称	贷方余额
库存现金	21 700.00	短期借款	100 000.00
银行存款	379 800.00	应付账款	35 100.00
应收账款	81 900.00	应付职工薪酬	2 520.00
其他应收款	1 000.00	应交税费	31 064.00
原材料	40 000.00	预收账款	1 500.00
库存商品	89 800.00	实收资本	1 000 000.00
固定资产	1 279 200.00	资本公积	36 680.00
累计折旧	−319 536.00	盈余公积	85 000.00
		本年利润	252 000.00
		利润分配	30 000.00
合　　计	1 573 864.00	合　　计	1 573 864.00

表 9-2 明细分类账账户余额表

总分类账账户	明细分类账户	计量单位	数 量	单 价	余额（元）
应收账款	宏大公司				46 800.00
	华联商厦				35 100.00
其他应收款	李明				1 000.00
原材料	苯材料	公斤	750	20.00	15 000.00
	矾材料	公斤	4	3 250.00	13 000.00
	氯材料	米	480	25.00	12 000.00
库存商品	M 产品	件	1 000	45.00	45 000.00
	N 产品	件	1 120	40.00	44 800.00
应付账款	黄海公司				35 100.00
应交税费	应交所得税				21 714.00
	未交增值税				8 500.00
	应交城市维护建设税				595.00
	应交教育费附加				255.00
预收账款	源发商场				1 500.00
利润分配	未分配利润				30 000.00

2．张家港市宝利实业有限公司 2008 年 12 月发生的经济业务如下。

（1）12 月 1 日，采购员张华填写暂支单（如表 9-3 所示），预借差旅费 1 000 元，经有关人员签字同意，以现金支付。

（2）12 月 2 日，从银行提取现金 1 800 元备用，现金支票存根如表 9-4 所示。

（3）12 月 2 日，生产车间填写领料单（如表 9-5 所示）领用材料。

（4）12 月 4 日，厂部以现金购买办公用品，商品销售发票如表 9-6 所示。

（5）12 月 5 日，从方正公司购进矾材料 6 公斤，单价 3 100 元，价款 18 600 元，增值税 3 162 元，款项以银行存款支付，材料已验收入库。增值税专用发票、支票存根、材料入库单分别如表 9-7、表 9-8、表 9-9 所示。

（6）12 月 5 日，李明报销差旅费 850 元，上月借款 1 000 元，退回现金 150 元。差旅费报销单和收款收据分别如表 9-10、表 9-11 所示。

（7）12 月 6 日，生产车间填写领料单（如表 9-12 所示）领用材料。

（8）12 月 6 日，以转账支票支付市电视台广告费 8 000 元，有关单据如表 9-13、表 9-14 所示。

（9）12 月 6 日，职工孙强报销医药费，以现金支付。门诊收费收据、医药费报销单分别如表 9-15、表 9-16 所示。

（10）12 月 7 日，从黄海公司购进苯材料 500 公斤，单价 20 元，价款 10 000 元，增值税 1 700 元，款项以银行存款支付，材料已验收入库。增值税专用发票、信汇凭证、材料入库单分别如表 9-17 至表 9-19 所示。

（11）12 月 9 日，从永大公司购氯材料 500 米，单价 28 元，价款 14 000 元，增值税 2 380 元；款项以银行存款支付，材料验收入库。增值税专用发票、信汇凭证、材料入库单分别如表 9-20 至表 9-22 所示。

（12）12 月 10 日，生产车间填写领料单（如表 9-23 所示）领用材料。

（13）12 月 10 日，收到华联商厦前欠货款 35 100 元，有关单据如表 9-24、表 9-25 所示。

（14）12 月 11 日，从银行提取现金 82 480 元，备发工资。现金支票存根如表 9-26 所示。

（15）12 月 11 日发放工资，工资结算单（略），工资结算汇总表如表 9-27 所示。

（16）12 月 13 日，以银行存款缴纳税款，完税凭证如表 9-28、表 9-29 所示。

（17）12 月 13 日销售给华联商厦 M 产品 600 件，单价 105 元，价款 63 000 元，增值税 10 710 元；N 产品 800 件，单价 95 元，价款 76 000 元，增值税 12 920 元，款项已存入银行。有关单据如表 9-30、表 9-31 所示。

（18）12 月 15 日，从华茂公司购进苯材料 1 000 公斤，单价 21 元，价款 21 000 元，增值税 3 570 元，款项以银行存款支付，材料验收入库。有关单据如表 9-32 至表 9-34 所示。

（19）12 月 17 日销售给宏大公司 M 产品 400 件，单价 105 元，价款 42 000 元，增值税 7 140 元；N 产品 300 件，单价 95 元，价款 28 500 元，增值税 4 845 元，办妥委托银行收款项手续。有关单据如表 9-35、表 9-36 所示。

（20）12 月 19 日，生产车间填写领料单（如表 9-37 所示）领用材料。

（21）12 月 20 日，生产车间王力报销办公用品费 40 元，以现金付讫。购货发票如表 9-38 所示。

（22）12 月 21 日，收到宏大公司前欠货款 46 800 元，有关单据如表 9-39 所示。

（23）12 月 22 日，管理部门填写领料单（如表 9-40 所示）领用材料。

（24）12 月 23 日，第 1 生产车间填写领料单（如表 9-41 所示）领用材料。

（25）12 月 25 日，第 2 生产车间填写领料单（如表 9-42 所示）领用材料。

（26）12 月 26 日，以银行存款支付本月电话费 2 600 元。有关单据如表 9-43、表 9-44 所示。

（27）12 月 28 日，以银行存款偿还前欠黄海公司货款 35 100 元。有关单据如表 9-45 所示。

（28）12 月 31 日，以银行存款支付本月水电费价税款合计 11 489.40 元，并进行水电费分配。有关单据如表 9-46 至表 9-50 所示。

（29）12 月 31 日，分配本月工资费用，工资费用分配表如表 9-51 所示。

（30）12 月 31 日，以银行存款支付本月短期借款利息 1 152 元，有关单据如表 9-52 所示。

（31）12 月 31 日，按本月工资费用计提福利费，福利费分配表如表 9-53 所示。

（32）12 月 31 日，计提固定资产折旧，折旧额计算表如表 9-54 所示。

（33）12 月 31 日，根据生产工人工资比例，分配并结转本月制造费用，制造费用分配表如表 9-55 所示。

（34）12 月 31 日，本月生产产品全部完工，其中：M 产品完工 1 500 件，N 产品完工 1 495 件，计算并结转本月完工产品成本。有关单据如表 9-56 至表 9-58 所示。

（35）12 月 31 日，结转本月产品销售成本，其中：M 产品单位生产成本 50 元，N 产品单位生产成本 45 元。销售成本计算单如表 9-59 所示。

（36）12 月 31 日，计算当月应纳增值税 25 755.6 元。

（37）12 月 31 日，按 7%计提当月应缴城市维护建设税。

（38）12 月 31 日，按 3%计提当月应缴教育费附加。

（39）12 月 31 日，计算当月应缴所得税费用，税率为 25%。

（40）12 月 31 日，结转损益类账户。

（41）12 月 31 日，按 10%的比例计提法定盈余公积金，如表 9-60 所示。

（42）12 月 31 日，计算应付股利，如表 9-61 所示。

（43）12 月 31 日，将本年净利润转入“利润分配——未分配利润”账户。

表 9-3

暂　支　单

2008 年 12 月 1 日

单位或部门	供应科		借款事由	洽谈业务	
申请借款金额	金额（人民币大写）壹仟元整　　（小写）¥1 000.00				
批准金额	金额（人民币大写）壹仟元整　　（小写）¥1 000.00				
领导批示	刘观正	财务主管	吴彩	借款人	张华

表 9-4

中国建设银行（苏）

现金支票存根

No.456608471

附加信息

出票日期 2008 年 12 月 2 日

收款人：	宝利公司
金　额：	¥1 800.00
用　途：	备用

单位主管：　　会计：许敏

表 9-5

领　料　单

领料部门：生产车间　　　　　2008 年 12 月 2 日　　　　　No. 012640

材料		单位	数量		单位成本	金额	过账
名称	规格		请领	实发			
苯材料	NI—2	公斤	423	423	20.00	8 460.00	
矾材料	JB—1	公斤	2	2	3 250.00	6 500.00	
工作单号		用途	生产 M 产品				
工作项目							

会计：　　　　记账：　　　　发料：陆江红　　　　领料：王大鹏

表 9-6

江苏省商品销售统一发票

江苏 国家税务总局监制

No. 03087243

发　票　联

购货单位：张家港市宝利公司　　　　2008 年 12 月 4 日

品名及规格	单位	数量	单价	金额 万	千	百	十	元	角	分	备注
计算器	台	2	120.00			2	4	0	0	0	
合计					￥	2	4	0	0	0	
合计金额（人民币大写）⊗贰佰肆拾元整			（小写）￥240.00								

第二联：发票联

张家港市长征文具有限公司 320582727076817 发票专用章

开票人：王芳　　　　收款人：刘亚　　　　单位名称：（盖章）

表 9-7

江苏增值税专用发票

江苏

发 票 联

No. 01287639

开票日期：2008 年 12 月 5 日

<table>
<tr><td rowspan="4">购货单位</td><td colspan="4">名　　称：张家港市宝利实业有限公司</td><td rowspan="4">密码区</td><td colspan="3">6+-〈2〉6〉927+296+/　加密版本：01</td></tr>
<tr><td colspan="4">纳税人识别号：320582150157868</td><td colspan="3">446〈600375〈35〉〈4/　37009931410</td></tr>
<tr><td colspan="4">地 址、电 话：张家港市人民路 231 号 58182992</td><td colspan="3">2-2〈2051+24+2618〈7　0445</td></tr>
<tr><td colspan="4">开户行及账号：建设银行沙洲西路支行 06635698</td><td colspan="3">/3-15〉〉09/5/-1〉〉〉+2</td></tr>
<tr><td>货物或应税劳务名称</td><td>规格型号</td><td>单 位</td><td>数 量</td><td>单 价</td><td>金 额</td><td>税 率</td><td>税 额</td><td></td></tr>
<tr><td>矾材料</td><td>JB—1</td><td>公斤</td><td>6</td><td>3 100.00</td><td>18 600.00</td><td>17%</td><td>3 162.00</td><td></td></tr>
<tr><td>合　计</td><td></td><td></td><td></td><td></td><td>￥18 600.00</td><td></td><td>￥3 162.00</td><td></td></tr>
<tr><td>价税合计（人民币大写）</td><td colspan="8">⊗贰万壹仟柒佰陆拾贰元整　　（小写）￥21 762.00</td></tr>
<tr><td rowspan="4">销货单位</td><td colspan="4">名　　称：江苏省苏州市方正公司</td><td rowspan="4">备注</td><td colspan="3" rowspan="4">江苏省苏州市方正公司
320683265531672
发票专用章</td></tr>
<tr><td colspan="4">纳税人识别号：320683265531672</td></tr>
<tr><td colspan="4">地 址、电 话：苏州市南大街 8 号 6883019</td></tr>
<tr><td colspan="4">开户行及账号：工行南大街支行 80326407028</td></tr>
</table>

第二联：发票联　购货方记账凭证

收款人：李洋　　复核：张华　　开票人：刘明　　销货单位：（盖章）

表 9-8

中国建设银行（苏）

转账支票存根

No. 334562114

附加信息

出票日期 2008 年 12 月 5 日

收款人：	方正公司
金　额：	￥21 762.00
用　途：	购料

单位主管：　　会计：许敏

表 9-9

材料验收入库单

供应单位：方正公司　发票号：　　2008 年 12 月 5 日　　No. 041366

材料类别	材料名称	规格	计量单位	数量	实收数量	单价	金额							
							十	万	千	百	十	元	角	分
	矾材料	JB—1	公斤	6	6	3 100.00		1	8	6	0	0	0	0
检验结果：		检验员签章：		运杂费										
				合计			¥	1	8	6	0	0	0	0
备注														

第三联：会计

仓库主管：　材料会计：　收料员：陆江红　经办人：　制单：陈红

表 9-10

差旅费报销单

部门：供应科　　2008 年 12 月 5 日

姓名	李明	出差事由	洽谈业务	出差日期	自 2008 年 11 月 19 日至 2008 年 11 月 21 日共 3 天

起讫时间及地点						车船票		夜间乘车补助费			出差乘补费			住宿费	其他	
月	日	起	月	日	讫	类别	金额	时间	标准	金额	日数	标准	金额	金额	摘要	金额
11	19	苏州	11	19	北京		230									
	19	北京	11	21	北京						3	60	180	210		
	21	北京	11	21	苏州		230									
小计							460				3	60	180	210		
总计金额（人民币大写）捌佰伍拾元整																
预支：1 000　核销：850　退补：150																

附单据共 3 张

单位领导：刘观正　财务主管：吴彩　审核：王卫平　填报人：李明

表 9-11

统一收款收据（三联单）

2008 年 12 月 5 日　　　　No. 077210

交款单位或交款人	李明	收款方式	现金
事　由　预借款 人民币（大写）壹佰伍拾元整　（小写）¥150.00			备注：

张家港市宝利实业有限公司 现金收讫章

第三联：记账联

收款单位：（盖章）　　　　收款人：许敏

表 9-12

领　料　单

领料部门：生产车间　　　　2008 年 12 月 6 日　　　　No. 012641

材料		单位	数量		单位成本（元）	金额（元）	过账
名称	规格		请领	实发			
矾材料	JB—1	公斤	2	2	3 250.00	6 500.00	
氯材料	RB—6	米	400	400	25.00	10 000.00	
工作单号		用途	生产 N 产品				
工作项目							

会计：　　　　记账：　　　　发料：陆江红　　　　领料：李明华

表 9-13

中国建设银行（苏）

转账支票存根

No. 334562115

附加信息＿＿＿＿＿＿＿＿

＿＿＿＿＿＿＿＿＿＿＿＿

出票日期 2008 年 12 月 6 日

收款人：	市电视台
金　额：	¥8 000.00
用　途：	广告费

单位主管：　　会计：许敏

表 9-14

苏州市广告业专用发票

江苏

国家税务总局监制

发　票　联

No. 06734416

客户名称：张家港市宝利实业有限公司　2008 年 12 月 6 日

品　名	项　目	金额 十	万	千	百	十	元	角	分	备　注
	产品广告费		¥	8	0	0	0	0	0	
合计（人民币大写）⊗捌仟元整		（小写）¥8 000.00								

此联为报销凭证

张家港市广播电视台

3205826430521707

发票专用章

开票人：张超　　收款人：张华　　单位：（盖章）

表 9-15

医院门诊收费收据

2008 年 12 月 6 日

姓名	孙强						
中药		按摩		化验		人流	
西药	158.00	理疗		透照	张家港市第一人民医院 现金收讫章	B超	
针灸		心电		处置			
合计（人民币大写）⊗壹佰伍拾捌元整					（小写）￥158.00		

表 9-16

医药费报销单

开支内容	金　额	结算方式
职工医药费	￥158.00	①冲借款＿＿元　②转　账＿＿元 ③汇　款＿＿元　④现金付讫 158 元
合计（人民币大写）壹佰伍拾捌元整		（小写）￥158.00

单位负责人：刘观正　　会计主管：吴彩　　经手人：孙强　　出纳：许敏

表 9-17

江苏增值税专用发票

（印章：江苏 国家税务总局监制）

发票联

No. 01736529

开票日期：2008 年 12 月 7 日

购货单位	名　　称：张家港市宝利实业有限公司 纳税人识别号：320582150157868 地 址、电 话：张家港市人民路 231 号 58182992 开 户 银 行：建设银行沙洲西路支行 账　　号：06635698	密码区	8+-〈3〉6〉942+269+/ 03646〈600735〈35〉〈4/ 2-2〈2051+24+2618〈8 /3-15〉〉09/5/-1〉〉〉+6 加密版本：01 37009931410 0454

货物或应税劳务名称	规格型号	单位	数量	单价	金额	税率	税额
苯材料	NI—2	公斤	500	20.00	10 000.00	17%	1 700.00
合　计					¥10 000.00		¥1 700.00
价税合计（人民币大写）	⊗壹万壹仟柒佰元整				（小写）¥11 700.00		

销货单位	名　　称：江苏省苏州市黄海公司 纳税人识别号：320612326553167 地 址、电 话：苏州市山大路 18 号 5988301 开户行及账号：建设银行解放路支行 91032640702	备注	（印章：江苏省苏州市黄海公司 320612326553167 发票专用章）

收款人：王红　　复核：张丽　　开票人：刘涛　　销货单位：（盖章）

第二联：发票联　购货方记账凭证

表 9-18

中国建设银行 信汇凭证（回单）

委托日期 2008 年 12 月 7 日

汇款人	全称	张家港市宝利实业有限公司	收款人	全称	黄海公司
	账号	06635698		账号	91032640702
	开户银行	建设银行沙洲西路支行		开户银行	
汇出行名称			汇入行名称		

金额	人民币（大写）⊗壹万壹仟柒佰元整	千	百	十	万	千	百	十	元	角	分
				¥	1	1	7	0	0	0	0

汇出行签章	支付密码
	附加信息及用途：购料

（印章：中国建设银行 张家港市支行 2008.12.07 承兑（1））

此联是汇出行给汇款人的回单

表 9-19

材料验收入库单

供应单位：　　发票号：　　2008 年 12 月 7 日　　No. 041367

材料类别	材料名称	规格	计量单位	数量	实收数量	单价	金额 十	万	千	百	十	元	角	分
	苯材料	NI—2	公斤	500	500	20.00		1	0	0	0	0	0	0
检验结果：		检验员签章：		运杂费										
				合计			¥	1	0	0	0	0	0	0
备注														

仓库主管：　　材料会计：　　收料员：陆江红　　经办人：　　制单：陈红

第三联：会计

表 9-20

江苏增值税专用发票

江苏 国家税务总局监制

发票联

No. 01836563

开票日期：2008 年 12 月 9 日

购货单位	名称：张家港市宝利实业有限公司 纳税人识别号：320582150157868 地址、电话：张家港市人民路 231 号 58182992 开户行及账号：建设银行沙洲西路支行 06635698	密码区	9+-〈5〉7〉672+596+/ 248〈370673〈53〉〈2/ 2-2〈2051+24+2614〈9 /3-16〉〉09/5/-1〉〉〉+3	加密版本：01 37009329314 0632

货物或应税劳务名称	规格型号	单位	数量	单价	金额	税率	税额
氯材料	RB—6	米	500	28.00	14 000.00	17%	2 380.00
合计					¥14 000.00		¥2 380.00
价税合计（大写）	⊗壹万陆仟叁佰捌拾元整				（小写）¥16 380.00		

销货单位	名称：江苏省苏州市永大公司 纳税人识别号：320612326556731 地址、电话：苏州市红旗路 22 号 9888223 开户行及账号：建设银行大明市支行 91032640617	备注	江苏省苏州市永大公司 320612326556731 发票专用章

收款人：王伟　　复核：刘丽　　开票人：张涛　　销货单位：（盖章）

第二联：发票联 购货方记账凭证

表 9-21

中国建设银行 信汇凭证（回单）

委托日期 2008 年 12 月 9 日

汇款人	全　称	市宝利实业有限公司	收款人	全　称	永大公司
	账　号	06635698		账　号	91032640617
	开户银行	建设银行沙洲西路支行		开户银行	
汇出行名称			汇入行名称		
金额	人民币（大写）⊗壹万陆仟叁佰捌拾元整				千 百 十 万 千 百 十 元 角 分：¥ 1 6 3 8 0 0 0
汇出行签章					支付密码
					附加信息及用途：购料

中国建设银行 张家港市支行 200812.09 转讫

此联是汇出行给汇款人的回单

表 9-22

材料验收入库单

供应单位：　　发票号：　　2008 年 12 月 9 日　　No. 041368

材料类别	材料名称	规格	计量单位	数量	实收数量	单价	十	万	千	百	十	元	角	分
	氯材料	RB—6	米	500	500	28.00		1	4	0	0	0	0	0
检验结果：	检验员签章：			运杂费										
				合　计			¥	1	4	0	0	0	0	0
备注														

第三联：会计

仓库主管：　　材料会计：　　收料员：陆江红　　经办人：　　制单：陈红

表 9-23

领　料　单

领料部门：生产车间　　　　2008 年 12 月 10 日　　　　No. 012642

材料		单　位	数　量		单位成本（元）	金额（元）	过　账
名称	规格		请领	实发			
某材料	NI—2	公斤	500	500	20.00	10 000.00	
工作单号		用途	车间一般耗用				
工作项目							

会计：　　　　记账：　　　　发料：陆江红　　　　领料：车力

表 9-24

中国建设银行 进账单（收账通知）

2008 年 12 月 10 日

出票人	全　称	华联商厦	收款人	全　称	张家港市宝利实业有限公司
	账　号	20522305782		账　号	06635698
	开户银行	工商银行苏州市分行		开户银行	建设银行沙洲西路支行
金额	人民币（大写）⊗叁万伍仟壹佰元整				千 百 十 万 千 百 十 元 角 分：　　¥ 3 5 1 0 0 0 0
票据种类	转账支票	票据张数	1		
票据号码					
复核：　记账：					收款人开户行签章

中国建设银行 张家港市支行 200812.10 转讫 (1)

此联是收款人开户银行交收款人的收账通知

表 9-25

统一收款收据（三联单）

2008 年 12 月 10 日　　　　No. 077211

交款单位或交款人	华联商厦	收款方式	转账支票
事由 收回欠款 人民币（大写）叁万伍仟壹佰元整　（小写）¥35 100.00 张家港市宝利实业有限公司 现金收讫章			备注：

说明：不得作行政事业性收费收据使用

收款单位：（盖章）　　　　收款人：许敏

表 9-26

中国建设银行（苏）

现金支票存根

No.456608472

附加信息

出票日期 2008 年 12 月 11 日

收款人：	宝利公司
金　额：	¥82480.00
用　途：	备发工资

单位主管：　　会计：许敏

表 9-27

工资结算汇总表

2008 年 12 月 11 日　　　　　　单位：元

部门		人数	月基本工资	经常性奖金	物价补贴	加班工资	应扣工资		应付工资	代扣款项			实发工资
							病假	事假		电费	水费	小计	
厂部	生产科	4	4 800.00	400.00	120.00								5 400.00
	供销科	6	5 800.00	300.00	180								6 560.00
	劳资科	3	3 600.00	150.00	90				3 840.00				3 840.00
	财务科	5	4 220.00	200.00	150.00	150.00			4 720.00				4 720.00
	办公室	4	6 000.00	200.00	120.00	160.00	20		6 460.00				6 460.00
车间	生产工人	68	40 400.00	3 400.00	2 040.00	7 100.00		40	52 900.00				52 900.00
	管理人员	2	2 260.00	100.00	80.00	160.00			2 600.00				2 600.00
合计		92	67 080.00	4 750.00	2 780.00	7 930.00	20	40	82 480.00				82 480.00

表 9-28

中华人民共和国
税收电子转账专用完税证

填发日期 2008 年 12 月 11 日

税务登记代码	320582150157868	征收机关	张家港市地税直属分局
纳税人全称	宝利公司	收款银行（邮局）	
税（费）种		税收所属期间	实缴金额
股份制企业城建税		20081101—20081130	595.00
教育费附加		20081101—20081130	255.00
所得税		20081101—20081130	21 714.00
金额合计（人民币大写）⊗贰万贰仟伍佰陆拾肆元整		（小写）￥22 564.00	
征收机关	收款银行（邮局）（盖章）	经手人（签章）	备注：电子缴税 00038638（27）

（印章：张家港市支行 2008.12.13 转讫 (1)）

此凭证仅作纳税人完税凭证

表 9-29

中华人民共和国
税收电子转账专用完税证

填发日期 2008 年 12 月 8 日

税务登记代码	320582150157868	征收机关	张家港市国税直属分局
纳税人全称	宝利公司	收款银行（邮局）	
税（费）种		税收所属期间	实缴金额
增值税	中国建设银行 张家港市支行 200812.08 转讫	20081101—20081130	8 500.00
金额合计（人民币大写）⊗捌仟伍佰元整			（小写）￥8 500.00

征收机关	收款银行（邮局）（盖章）	经手人（签章）	备注	电子缴税 00038638（28）

此凭证仅作纳税人完税凭证，此外无效

表 9-30

江苏增值税专用发票

江苏 国家税务总局监制

No. 01736549

此联不作报销、扣税凭证　　开票日期：2008 年 12 月 12 日

购货单位	名　　称：华联商厦 纳税人识别号：320602165081023 地 址、电 话：苏州市大学路 6 号 8893798 开户行及账号：工商银行苏州市分行 2052235782			密码区	6+-〈2〉6〉927+296+/446〈600384〈35〉〈4/2-2〈2051+24+2618〈7/3-15〉〉09/5/-1〉〉〉+2		加密版本：01 37009931410 0492
货物或应税劳务名称	规格型号	单位	数量	单价	金额	税率	税额
M 产品	JC—2	件	600	105.00	63 000.00	17%	10 710.00
N 产品	JR—6	件	800	95.00	76 000.00	17%	12 920.00
合　计					￥139 000.00		￥23 630.00
价税合计（人民币大写）	⊗壹拾陆万贰仟陆佰叁拾元整						（小写）￥162 630.00
销货单位	名　　称：张家港市宝利实业有限公司 纳税人识别号：320582150157868 地 址、电 话：张家港市人民路 231 号 58182992 开户行及账号：建设银行沙洲西路支行 06635698			备注	张家港市宝利实业有限公司 320582150157868 发票专用章		

收款人：许敏　　复核：王卫平　　开票人：许敏　　销货单位：（章）

第三联：记账联　销货方记账凭证

表 9-31

中国建设银行 进账单（收账通知）　3

2008 年 12 月 12 日

出票人	全　称	华联商厦公司	收款人	全　称	张家港市宝利实业有限公司											
	账　号	20522305782		账　号	06635698											
	开户银行	工商银行苏州市分行		开户银行	建设银行沙洲西路支行											
金额	人民币（大写）⊗壹拾陆万贰仟陆佰叁拾元整				千	百	十	万	千	百	十	元	角	分		
						¥	1	6	2	6	3	0	0	0		
票据种类	银行转账支票	票据张数	1													
票据号码																
复核：　记账：				收款人开户行签章												

中国建设银行 张家港市支行 2008.12.12 转讫 (1)

此联是收款人开户行交收款人的收账通知

表 9-32

材料验收入库单

供应单位：　　发票号：　　2008 年 12 月 15 日　　No. 041369

材料类别	材料名称	规　格	计量单位	数　量	实收数量	单　价	金额 十	万	千	百	十	元	角	分
	苯材料	NI—2	公斤	1 000	1 000	21		2	1	0	0	0	0	0
检验结果：		检验员签章：		运杂费合计			¥	2	1	0	0	0	0	0
备注														

仓库主管：　　材料会计：　　收料员：陆江红　　经办人：　　制单：陈红

第三联：会计

表 9-33

江苏增值税专用发票

（江苏 国家税务总局监制）

发　票　联

No. 01736550

开票日期：2008 年 12 月 15 日

购货单位	名　　称：张家港市宝利实业有限公司 纳税人识别号：320582150157868 地 址、电 话：张家港市人民路 231 号 58182992 开户行及账号：建设银行沙洲西路支行 06635698			密码区	9+-〈5〉7〉672+596+/ 248〈370673〈53〉〈2/ 2-2〈2051+24+2618〈9 /3-16〉〉09/5/-1〉〉〉+2	加密版本：01 37009329314 0638	
货物或应税劳务名称	规格型号	单 位	数 量	单 价	金 额	税 率	税 额
苯材料	NI—2	公斤	1 000	21.00	21 000.00	17%	3 570.00
合　计					￥21 000.00		￥3 570.00
价税合计（人民币大写）	⊗贰万肆仟伍佰柒拾元整				（小写）￥24 570.00		
销货单位	名　　称：江苏省丹阳市华茂公司 纳税人识别号：320681232655669 地 址、电 话：丹阳市东山路 15 号 9866523 开户行及账号：建设银行丹阳市支行 870326406432			备注	江苏省丹阳市华茂公司 320681232655669 发票专用章		

收款人：刘婷　　复核：李丽　　开票人：张惠　　销货单位：（盖章）

第二联：发票联　购货方记凭证

表 9-34

中国建设银行 信汇凭证（回单）

委托日期 2008 年 12 月 15 日

汇款人	全　称	市宝利实业有限公司	收款人	全　称	华茂公司
	账　号	06635698		账　号	870326406432
	开户银行	建设银行沙洲西路支行		开户银行	建行
汇出行名称			汇入行名称		
金额	人民币（大写）⊗贰万肆仟伍佰柒拾元整			千 百 十 万 千 百 十 元 角 分	
				￥ 2 4 5 7 0 0 0	
汇出行签章（中国建设银行 张家港市支行 2008.12.15 转讫 (1)）				支付密码	
				附加信息及用途：购料	

此联是汇出行给汇款人的回单

表 9-35

托收承付凭证（回单）

委托日期 2008 年 12 月 17 日　　　　托收号码：8635

付款人	全称	宏大公司	收款人	全称	张家港市宝利实业有限公司									
	电话或住址	丽江市解放路 16 号 6898835		账号	06635698									
	开户银行	工行丽江市分行		开户银行	建行	行号								
托收金额	人民币（大写）⊗捌万贰仟肆佰捌拾伍元整			千	百	十	万	千	百	十	元	角	分	
						¥	8	2	4	8	5	0	0	
附件		商品发运情况		合同名称号码										
附寄单证张数或册数														
备注 电划		款项收妥日期 年 月 日		收款人开户银行盖章 2008 年 12 月 17 日										

此联是收款人开户行给收款人回单

（印章：中国建设银行 张家港市支行 2008.12.17 转讫 （1））

主管单位：　　会计：　　复核：　　付款单位开户银行盖章

表 9-36

江苏增值税专用发票

（印章：江苏 国家税务总局监制）

No. 01736551

此联不作报销、扣税凭证　　开票日期：2008 年 12 月 17 日

购货单位	名称：宏大公司 纳税人识别号：460602376508102 地址、电话：丽江市解放路 16 号 6898835 开户行及账号：工商银行丽江市分行 6082307862			密码区	6+-〈2〉6〉927+216+/ 474〈600375〈35〉〈2/ 2-3〈2051+24+2318〈3 /3-15〉〉09/5/-1〉〉〉+2	加密版本：01 37009931410 04324	
货物或应税劳务名称	规格型号	单位	数量	单价	金额	税率	税额
M 产品	JC—2	件	400	105.00	42 000.00	17%	7 140.00
N 产品	JR—6	件	300	95.00	28 500.00	17%	4 845.00
合计					¥70 500.00		¥11 985.00
价税合计（大写）	⊗捌万贰仟肆佰捌拾伍元整				（小写）¥82 485.00		
销货单位	名称：张家港市宝利实业有限公司 纳税人识别号：320582150157868 地址、电话：张家港市人民路 231 号 58182992 开户行及账号：建设银行沙洲西路支行 06635698			备注	（印章：张家港市宝利实业有限公司 320582150157868 发票专用章）		

第三联：记账联　销货方记账凭证

收款人：许敏　　复核：王卫平　　开票人：许敏　　销货单位：（盖章）

表 9-37

领　料　单

领料部门：生产车间　　　　2008 年 12 月 19 日　　　　No. 012643

材料		单位	数量		单位成本（元）	金额（元）	过账
名称	规格		请领	实发			
苯材料	NI—2	公斤	800	800	21.00	16 800.00	
矾材料	JB—1	公斤	3	3	3 100.00	9 300.00	
工作单号		用途	生产 M 产品				
工作项目							

会计：　　　　记账：　　　　发料：陆江红　　　　领料：王大鹏

表 9-38

江苏省商品销售统一发票

发　票　联

No. 03336528

购货单位：张家港市宝利实业有限公司　　2008 年 12 月 20 日

品名及规格	单位	数量	单价	金额							备注
				万	千	百	十	元	角	分	
笔记本	本	10	1.50				1	5	0	0	
圆珠笔	支	10	2.50				2	5	0	0	
合　计						¥	4	0	0	0	
合计金额（人民币大写）肆拾元整						（小写）¥ 40.00					

第二联：发票联

张家港市长征文具有限公司 320582727076817 发票专用章

开票人：王芳　　　　收款人：刘亚　　　　单位名称：（盖章）

表 9-39

中国建设银行 信汇凭证（收账通知）

委托日期 2008 年 12 月 22 日

汇款人	全称	宏大公司	收款人	全称	宝利公司
	账号或住址	60823057862		账号或住址	06635698
	开户银行	工商银行丽江市分行		开户银行	建行
金额	人民币（大写）肆万陆仟捌佰元整		千 百 十 万 千 百 十 元 角 分	¥ 4 6 8 0 0 0 0	
汇款用途：还欠款			汇出行盖章 2008 年 12 月 22 日		
上列款项已根据委托办理，如需查询，请持此回单来行面洽。					
单位主管： 会计： 复核： 记账：					

（印章：中国建设银行 张家港市支行 行 号 2008.12.22 转讫 (1)）

此联是汇出行给汇款人的回单

表 9-40

领 料 单

领料部门：管理部门　　2008 年 12 月 22 日　　No. 012644

材料		单位	数量		单位成本（元）	金额（元）	过账
名称	规格		请领	实发			
氯材料	RB—6	米	100	100	28.00	2 800.00	
工作单号		用途	修理办公桌椅				
工作项目							

会计：　　记账：　　发料：陆江红　　领料：韩波

表 9-41

领 料 单

领料部门：第 1 生产车间　　　　2008 年 12 月 23 日　　　　No. 012645

材料		单位	数量		单位成本（元）	金额（元）	过账
名称	规格		请领	实发			
矾材料	JB—1	公斤	1	1	3 100.00	3 100.00	
氯材料	RB—6	米	200	200	28.00	5 600.00	
工作单号		用途	生产 N 产品				
工作项目							

会计：　　　记账：　　　发料：陆江红　　　领料：李明华

表 9-42

领 料 单

领料部门：第 2 生产车间　　　　2008 年 12 月 25 日　　　　No. 012646

材料		单位	数量		单位成本（元）	金额（元）	过账
名称	规格		请领	实发			
苯材料	NI—2	公斤	253	253	20.00	5 060.00	
工作单号		用途	车间一般耗用				
工作项目							

会计：　　　记账：　　　发料：陆江红　　　领料：车力

表 9-43

苏州市电信局专用收据

2008 年 12 月 26 日　　　　　　　　　　　　第 033972 号

电话号码	58182992	付款单位	宝利公司
	交款明细项目		
实收金额（人民币大写）贰仟陆佰元整		（小写）￥2 600.00	

苏州市电信局
现金收讫章

第二联：报销凭证

表 9-44

中国建设银行（苏）

转账支票存根

No. 334562116

附加信息

出票日期 2008 年 12 月 26 日

收款人：	市电信局
金　额：	￥2 600.00
用　途：	电话费

单位主管：　　会计：许敏

表 9-45

中国建设银行 信汇凭证（回单）

委托日期 2008 年 12 月 28 日

汇款人	全称	市宝利实业有限公司	收款人	全称	华茂公司									
	账号	06635698		账号	91032640702									
	开户银行	建设银行张家港市支行		开户银行	建行									
汇出行名称			汇入行名称											
金额	人民币（大写）⊗叁万伍仟壹佰元整				千	百	十	万	千	百	十	元	角	分
							¥	3	5	1	0	0	0	0
汇出行签章					支付密码									
					附加信息及用途：还欠款									

中国建设银行张家港市支行 2008.12.28 转讫 (1)

此联是汇出行给汇款人的回单

表 9-46

中国建设银行（苏）

转账支票存根

No. 334562117

附加信息

出票日期 2008 年 12 月 31 日

收款人：	市自来水公司
金　额：	¥2 728.44
用　途：	水费

单位主管：　　会计：许敏

表 9-47

江苏增值税专用发票

江苏

发 票 联

No. 01187326

开票日期：2008 年 12 月 31 日

购货单位	名　　称：张家港市宝利实业有限公司 纳税人识别号：320582150157868 地 址、电 话：张家港市人民路 231 号 58182992 开户行及账号：建设银行沙洲西路支行 06635698	密码区	9+-〈5〉7〉672+594+/　加密版本：01 248〈370673〈53〉〈2/　37009329314 2-2〈2051+24+2615〈9　0634 /3-16〉〉09/5/-1〉〉〉+2

货物或应税劳务名称	规格型号	单 位	数 量	单 价	金 额	税 率	税 额
电 费		度	7 488	1.00	7 488.00	17%	1 272.96
合 计					¥7 488.00		¥1 272.96
价税合计（大写）	⊗捌仟柒佰陆拾元玖角陆分				（小写）¥8 760.96		

销货单位	名　　称：江苏省张家港市供电局 纳税人识别号：320582523265367 地 址、电 话：张家港市南山路 19 号 76888268 开户行及账号：建设银行张家港市支行 66732640716	备注	江苏省张家港市供电局 320582523265367 发票专用章

收款人：张斌　　复核：王军　　开票人：车丽　　销货单位：（盖章）

第二联：发票联 购货方记账凭证

表 9-48

中国建设银行（苏） 转账支票存根 No. 334562118
附加信息
出票日期 2008 年 12 月 31 日
收款人：市电业局
金　额：¥8 760.96
用　途：电费
单位主管：　　会计：许敏

表 9-49

江苏增值税专用发票

江苏 国家税务总局监制

No. 01970326

发　票　联

开票日期：2008 年 12 月 31 日

购货单位	名　　称：张家港市宝利实业有限公司 纳税人识别号：320582150157868 地 址、电 话：张家港市人民路 231 号 58182992 开户行及账号：建设银行沙洲西路支行 06635698			密码区	9+-〈5〉7〉652+596+/　加密版本：01 248〈370673〈53〉〈2/　37009329314 2-2〈2051+27+2618〈9　0658 /3-16〉〉09/5/-1〉〉〉+2		
货物或应税劳务名称	规格型号	单 位	数 量	单 价	金 额	税 率	税 额
水　费		吨	2 340	1.10	2 574.00	6%	154.44
合　计					￥2 574.00		￥154.44
价税合计（人民币大写）	⊗贰仟柒佰贰拾捌元伍肆角肆分				（小写）￥2 728.44		
销货单位	名　　称：江苏省张家港市自来水有限公司 纳税人识别号：320582526546718 地 址、电 话：张家港市红旗路 4 号 8978256 开户行及账号：建设银行张家港市支行 75032640763			备注			

第二联：发票联　购货方记账凭证

收款人：马彬　　复核：刘春　　开票人：张清　　销货单位：（盖章）

表 9-50

水电费分配表

2008 年 12 月 31 日　　单位：元

使用部门	水　费	电　费	合　计
车　间	2 000.00	6 284.00	8 284.00
厂　部	574.00	1 204.00	1 778.00
合　计	2 574.00	7 488.00	10 062.00

表 9-51

工资费用分配表

2008 年 12 月 31 日 单位：元

部门及各类人员		工资额
车间	M 产品生产工人	23 800.00
	N 产品生产工人	29 100.00
	车间管理人员	2 600.00
厂部	管理人员	26 980.00
合计		82 480.00

表 9-52

中国建设银行 计收利息清单（支款通知）

2008 年 12 月 31 日

户名		张家港市宝利实业有限公司			账号	06635698
计息起止时间		2008 年 11 月 21 日至 2008 年 12 月 20 日				左列贷款利息业已从你单位账户扣付 逾期罚息 30% 建行张家港市分行 （章） 转账日期 年 月 日 （印章：中国建设银行张家港市支行 2008.12.31 转讫（1））
贷款种类	贷款账号	计息日贷款余额	计息积数	利率	计收利息金额	
	368945712	80 000.00	2 400 000.00	0.048%	1 152.00	

利息金额人民币（大写）⊗壹仟壹佰伍拾贰元整	十	万	千	百	十	元	角	分
		¥	1	1	5	2	0	0

表 9-53

福利费分配表

2008 年 12 月 31 日　　　　单位：元

部门及各类人员		工　资　额	计提比例%	计　提　金　额
车间	M 产品生产工人			
	N 产品生产工人			
	车间管理人员			
厂部	管理人员			
合　　计				

表 9-54

折旧额计算表

2008 年 12 月 31 日　　　　单位：元

使用单位和固定资产类别		原　　值	月折旧率%	折　旧　额
车间	厂　　房	400 000.00	0.4	1 600.00
	设　　备	319 000.00	0.8	2 552.00
	小　　计	719 000.00		4 152.00
厂部	房　　屋	330 000.00	0.4	1 320.00
	运输设备	199 200.00	1	1 992.00
	管理设备	31 000.00	0.98	303.80
	小　　计	560 200.00		3 615.80
合　　计		1 279 200.00		7 767.80

表 9-55

制造费用分配表

2008 年 12 月 31 日　　单位：元

分配对象	分配标准	分 配 率	分配金额
M 产品			
N 产品			
合 计			

表 9-56

产品成本计算单

产品名称：M 产品　　2008 年 12 月 31 日　　单位：元

成本项目	期初在产品成 本	本月发生费 用	生产费用合 计	完工产品成 本	单位成本	期末在产品成 本
直接材料						
直接人工						
制造费用						
合 计						

表 9-57

产品成本计算单

产品名称：N 产品　　2008 年 12 月 31 日　　单位：元

成本项目	期初在产品成本	本月发生费用	生产费用合计	完工产品成本	单位成本	期末在产品成本
直接材料						
直接人工						
制造费用						
合　计						

表 9-58

产成品入库单

2008 年 12 月 31 日　　单位：元

产品名称	计量单位	数　量	单　价	金　额

仓库主管：　　经办人：　　制单：

表 9-59

销售成本计算单

2008 年 12 月 31 日　　　　单位：元

产品名称	计量单位	销售数量	单位生产成本	销售成本总额
M 产品				
N 产品				
合　计				

表 9-60

法定盈余公积金计提表

2008 年　　　　单位：元

税前利润总额	所得税	计提基数	法定盈余公积	
			计提比例	金额

表 9-61

应付股利计算表

2008 年　　　　单位：元

上年未分配利润	本年可分配利润	可分配利润合计	分配比例	应付股利总额
			60%	

（三）训练要求

1．根据训练资料开设库存现金日记账、银行存款日记账、应收账款、原材料、库存商品、其他应收款、生产成本、制造费用、应付账款、预收账款、应交税费、利润分配等明细分类账账户，并将期初余额记入各账户的余额栏内。

2．根据训练资料开设总分类账账户，并将期初余额记入各账户的余额栏内。

3．根据训练资料填制原始凭证或原始凭证汇总表，并据此编制记账凭证。

4．根据会计凭证登记库存现金日记账、银行存款日记账和各明细分类账。

5．记账凭证一个月汇总一次，编制科目汇总表，根据科目汇总表登记总分类账。

6．月末将日记账、明细分类账和总分类账进行核对，在准确无误的基础上按要求结账。

7．根据总分类账、明细分类账的有关资料编制资产负债表和利润表。

（四）训练安排

1．本次训练由一人独立完成。

2．训练时间约两天。

3．准备空白通用记账凭证 60 张，库存现金日记账 1 本，银行存款日记账 1 本，总分类账 1 本，科目汇总表 1 张，三栏式明细分类账账页 11 张，数量金额式明细分类账账页 5 张，多栏式明细分类账账页 5 张，资产负债表 1 张，利润表 1 张。

参 考 文 献

[1] 中华人民共和国财政部．企业会计准则 2006[M]．北京：中国财政经济出版社，2006．

[2] 中华人民共和国财政部．企业会计准则——应用指南[M]．北京：中国财政经济出版社，2006．

[3] 中华人民共和国财政部．会计基础工作规范[M]．北京：中国财政经济出版社，1996．

[4] 王炜．基础会计模拟实训[M]．第二版．北京：高等教育出版社，2007．

[5] 会计实训教材编写组．基础会计实训教程[M]．北京：经济科学出版社，2005．